Kohlhammer

Der Autor

Rainer Gries studierte Wirtschafts- und Sozialwissenschaften an den Universitäten Köln und Bochum. Mitarbeit in einem Projekt des Instituts für Entwicklungsforschung und Entwicklungspolitik der Universität Bochum. Ab Ende 1977 Mitarbeiter der Friedrich-Ebert-Stiftung in den Bereichen politische Bildung (Nord-Süd-Beziehungen/Weltwirtschaft), später in der Studienförderung (Auswahl; ausländische Stipendiaten) und in der Bibliothek (Bestandsaufbau internationale und europäische Gewerkschaften sowie Beteiligung am Aufbau der Digitalen Bibliothek, u. a. Entwicklung des online-Angebotes „FES-Netz-Quelle: Geschichte und Politik"). Von Anfang 2010 bis Ende 2013 Leiter der Kurt-Schumacher-Akademie in Bad Münstereifel (Schwerpunkt: Seminare zur Europapolitik). 1967 Eintritt in die SPD, Mitglied der Gewerkschaft ver.di.

Rainer Gries

„Und Du bist noch in der SPD?!"

Mehr Demokratie wagen! – Eine Streitschrift

Verlag W. Kohlhammer

1. Auflage 2024

Alle Rechte vorbehalten
© W. Kohlhammer GmbH, Stuttgart
Gesamtherstellung: W. Kohlhammer GmbH, Stuttgart

Print:
ISBN 978-3-17-042510-1

E-Book-Format:
pdf: ISBN 978-3-17-042511-8

Inhaltsverzeichnis

1 Einführung

Auf der Titelseite der Mitgliederzeitung der Gewerkschaft ver.di stand zu lesen: „Demokratie ist kein Selbstläufer". Ver.di führt aus:

> „Aktuell glauben 31 Prozent der Deutschen, in einer Scheindemokratie zu leben, in der die Bürger nichts zu sagen haben. Im Osten glauben das fast die Hälfte, 45 Prozent, im Westen sind es 28 Prozent."[1]

Auch in einer von der Friedrich-Ebert-Stiftung 2023 herausgegebenen Studie wird festgestellt:

> „Die Demokratiezufriedenheit in Deutschland verharrt auf niedrigem Niveau. Eine (wenn auch) knappe Mehrheit der Menschen ist mit der Art und Weise, wie die Demokratie hierzulande funktioniert, unzufrieden, weniger als die Hälfte sind sehr oder ziemlich zufrieden. Das ist der negative Befund unserer Folgestudie, der sorgenvoll stimmen muss. ... (Es) verbergen sich hinter der allgemeinen Demokratie(un)zufriedenheit weiterhin Entwicklungen und Tendenzen, die für die Stabilität der Demokratie prekär und potenziell bedrohlich sind."[2]

Umfragen zeigen auch eine Zunahme der Zustimmung für rechtspopulistische Parteien. Laut ARD-DeutschlandTrend im Juli 2023 käme die AfD auf 20 Prozent, wenn am Sonntag Bundestagswahl wäre, und wäre damit zweitstärkste Kraft. Das ist der höchste Wert, der für die AfD je gemessen wurde. Aktuell sind nach dieser Befragung 23 Prozent mit der Arbeit der Ampel-Koalition sehr zufrieden beziehungsweise zufrieden (+3 im Vergleich zum Juni). 75 Prozent sind damit weniger beziehungsweise gar nicht zufrieden (-4).

Im September 2017, bevor die AfD zum ersten Mal in den Bundestag einzog, meinten 85 Prozent der Befragten, dass es in der AfD zu viele Rechtsextreme gebe. Im Juli 2023 würden das noch 69 Prozent sagen, 18 Prozent stimmten der Aussage eher nicht zu. Eine Mehrheit von 55 Prozent war der Meinung, die AfD löse zwar keine Probleme, nenne die Dinge aber wenigstens beim Namen (+12 Punkte im Vergleich zu Mai 2019). Gut jeder Zweite (53 Prozent) sagte, die AfD habe es besser als andere Parteien verstanden, dass sich viele Menschen bei uns nicht mehr sicher fühlten – 11 Prozentpunkte mehr als im September 2021.[3]

Die erfolgreiche Wahl des AfD-Kandidaten für das Amt des Landrates im Kreis Sonneberg in Thüringen Ende Juni 2023 ist ein Alarmsignal. Helge Matthiesen stellte fest, dieses Amt sei zwar nicht von besonderer Bedeutung.

„Dennoch ist die Entwicklung in Thüringen bedrohlich: Die Parteien der Mitte und der politischen Linken haben offenbar nicht mehr genügend Bodenhaftung in den lokalen Milieus, um einen gemäßigten Kandidaten mit einer sachlichen Agenda durchzusetzen. Es fehlt an geeigneten, überzeugenden Kandidaten. Das muss jeden Demokraten beunruhigen. ... Die Parteien müssen wieder näher an das Volk und das geht am besten in Kreisen, Städten und Gemeinden."[4]

Vor allem die ehemaligen Volksparteien erreichen mit ihren Programmen, Themen und Botschaften das Wahlvolk offensichtlich nur noch sehr eingeschränkt. Auch die Zahl ihrer Mitglieder ist seit längerer Zeit rückläufig.[5]

Das stark abnehmende Vertrauen hat sich schon in den Ergebnissen der Bundestagswahl 2021 sowie der Landtagswahlen 2022 und 2023 mit Blick auf die Stimmergebnisse, aber auch auf die Entwicklung der Wahlbeteiligung niedergeschlagen. Die Repräsentativität der Wahlergebnisse ist in Frage gestellt.

Diese Entwicklungen sind nicht auf Deutschland beschränkt. Die letzten Wahlen in Frankreich, Schweden und Italien machen auch in diesen Ländern deutlich, dass die früher prägenden Volksparteien stark an Zustimmung und Einfluss verloren haben oder kaum noch eine Rolle spielen. So wird von einer aktuellen Umfrage aus Großbritannien berichtet, wonach 75 Prozent der Befragten die Meinung vertraten, das Vertrauen in britische Politiker in den vergangenen Jahren verloren zu haben. 74 Prozent glaubten, dass Politiker mehr im eigenen Interesse handeln als im Interesse der Allgemeinheit.[6] Thomas Leif hat schon vor mehreren Jahren festgestellt:

„Die Parteien in Deutschland leiden unter einem massiven Realitätsverlust. Die Parteirealität vieler Spitzenpolitiker unterscheidet sich fundamental von der Lebensrealität der Bürger und Wähler. Die Folge: Die Parteien verlieren zunehmend ihre Problemsensorik und ihre Orientierungsfunktion für die Bürger. Die Verankerung in der Bevölkerung sinkt, die Parteien verlieren an politischer Deutungsfähigkeit. ... Die sich vertiefende Kluft zwischen Parteirealität und Lebensrealität der Bürger verlangt grundlegende Anpassungen an die Wirklichkeit, weil andernfalls demokratisch nicht legitimierte Akteure und Lobbykräfte ihren politischen Einfluss noch weiter ausbauen und so die eigentlichen gewählten Volksvertreter – aus der Sicht der Bürger – überflüssig machen."[7]

Die Auswahl vieler Mandatsträger auf Landes- und Bundesebene wird formal in Parteiversammlungen entsprechend der Satzung beschlossen, faktisch aber im Vorfeld in kleinen örtlichen und regionalen Zirkeln schon festgelegt. Die Beteiligung der Mitglieder ist dabei auf der Strecke geblieben.

Der Reformbedarf der Parteien ist von Politikwissenschaftlern vielfach untersucht und beschrieben worden, meist mit einer Konzentration auf die Bundes- und höchstens noch die Landesebene.[8] Wir sollten aber auch auf die Basis schauen, wo viele Entwicklungen und Probleme ihren Ursprung haben, wo strukturelle und personelle Probleme und ihre Entwicklung erkannt werden könnten. Wo die Bürger leben und sich fragen: Warum sollen wir *die* wählen?!

Nach einem Überblick über Darstellungen und Einschätzungen der Krise der Volksparteien und besonders der SPD in der Literatur möchte ich versuchen, diese Entwicklungen aus einer Perspektive „von unten" zu beschreiben, indem ich mein persönliches Erleben als Mitglied der SPD in der Mittelrheinregion schildere. An der Basis bauen sich viele Probleme auf, die bis ganz oben mitgeschleppt werden.

> „Wo eine Partei fest in den örtlichen Gemeinschaften verankert ist und in den Städten und Kommunen Regierungsfähigkeit demonstriert, wird sie auch auf nationaler Ebene eine wichtige Rolle spielen. Leistungsfähigkeit und Bürgernähe vor Ort sind die Grundlage des Vertrauens, das eine Partei braucht, um auch für überörtliche Aufgaben gewählt zu werden."[9]

Nun ist es das eine, über die Medien politische Entscheidungen zu erfahren, sich darüber zu ärgern, diese zu kritisieren und abzulehnen. Und es ist etwas anderes, politische Entscheidungen und ihre Auswirkungen persönlich erdulden und erleiden zu müssen. Dies wurde mir in besonderer Weise bei einem Besuch bei einem ehemaligen Schulfreund bewusst. Er fand 2007, rund 40 Jahre nach unserer gemeinsamen Schulzeit statt, als er sich in einer sehr schwierigen Lebenslage befand, die er auch auf die Agenda-Politik des ehemaligen Bundeskanzlers Schröder zurückführte. Zum Schluss meines Besuches stellte er mir die Frage:

„Und Du bist noch in der SPD?!"

Diese Frage meines früheren Schulfreundes beschäftigt mich bis heute. Letztlich ist sie der Anstoß für dieses Buch, das mein Versuch einer Antwort ist.

Eine ausführliche, begründete Antwort konnte ich ihm damals nicht geben. Die Schilderung seines Lebensweges, seiner schwierigen Lebenssituation stand so sehr und so umfassend im Mittelpunkt und hatte mich so stark emotional berührt, dass ich in dieser Gesprächssituation eine einfache Beantwortung seiner Frage als banal und unangemessen empfunden hatte. Ich war schlicht dazu nicht in der Lage. Deshalb möchte ich versuchen, die Antwort auf seine Frage hier nachzuliefern. Er hatte seine Frage sehr ernst gemeint. Sie war in der Erinnerung an unsere gemeinsame Zeit, in der Erinnerung an unsere gemeinsamen politischen Ziele begründet.

Ich bin im Herbst 1967 in die SPD eingetreten. Das Profil der SPD, ihre politischen Ziele und viele ihrer Politiker in Bund, Land und Kommune erschienen vertrauenswürdig, kompetent und überzeugend. Vor allem das außen- und friedenspolitische Profil hatte mich und viele andere bewegt, mich in der SPD zu engagieren. In den folgenden Jahrzehnten habe ich wiederholt Zweifel gehabt, mit meinen Vorstellungen in der richtigen Partei zu sein.

Häufig waren es bestimmte politische Entscheidungen oder das Verhalten von SPD-Politikern, die meine Zweifel von Fall zu Fall begründet hatten. Es waren aber auch immer wieder politische Entscheidungen, gute Erfahrungen mit SPD-Politikern und der häufig freundschaftliche Kontakt zu anderen Mitgliedern vor Ort, die mich bestärkt haben, in der SPD zu bleiben.

In der SPD gab es verschiedene Anläufe, Reformen auf den Weg zu bringen, die wenig erfolgreich waren. Die Beschlüsse des Bundesparteitages 2019 sandten ermutigende Signale sowohl in Richtung der inhaltlichen Profilierung der SPD wie auch im Hinblick auf die Öffnung für mehr Beteiligungsmöglichkeiten der Mitglieder in der Partei. Aber ein wirklicher Aufbruch ist bisher nicht gelungen.

Mein Anliegen ist vor allem eine offene und ehrliche Debatte, möglichst auch gemeinsam mit vielen Mitgliedern der SPD, über den Reformbedarf und Ansatzpunkte für Veränderungen. Die Unsicherheiten und Existenzängste der Menschen wachsen von Tag zu Tag. In dieser Situation ist ganz besonders die SPD herausgefordert, sich stärker den Lebenslagen der Bürger zuzuwenden und sich deutlicher für eine gerechtere Gesellschaft und einen fairen gesellschaftlichen Austausch einzusetzen.

2 Zunehmende Armut und Spaltung der Gesellschaft

Parteien und Politiker haben schon lange mit einem gravierenden Vertrauensverlust zu kämpfen. Aktuell kommen mehrere Krisen zusammen, die die Lage drastisch verschärfen. Die zwanziger Jahre begannen mit einer sehr ernsten Herausforderung, der Corona-Pandemie. 2021 folgte eine große Flutkatastrophe in Teilen des Landes, die zeigte, wie sehr sich der Klimawandel bereits heute auswirkt. Schließlich kam im Februar 2022 der Krieg Russlands gegen die Ukraine hinzu.

Ab Frühjahr 2022 drosselte Russland die Gaszufuhr nach Deutschland immer mehr. Die Folge sind Energieversorgungsprobleme, stark steigende Energiekosten, stark ansteigende Inflation – Folgen, die bei Bürgern direkt ankommen.

Auch viele Unternehmen, große Industrieunternehmen und Handwerksbetriebe sind durch die Energiekrise stark bedroht, von Verlagerungen ins Ausland und von möglichen Pleitewellen wird in Regionalzeitungen berichtet.[10]

Die genannten drei großen Krisen verstärken in ihren Auswirkungen eine vierte Krise: Die zunehmende Armut. Den Armutsforscher Christoph Butterwegge beunruhigt, dass es durch die Energiekrise und die allgemein hohe Inflation bis in die Mitte der Gesellschaft hinein zu sozialen Verwerfungen kommen könnte.

„Mich besorgt aber, dass die Existenzsorgen in der Mittelschicht zunehmen. Möglicherweise wenden sich viele ihrer Angehörigen politisch nach rechts außen."[11]

Am 6. November 2022 zeigte das ZDF eine Reportage über zunehmende Armut in Deutschland.[12] Dort wurde sehr anschaulich der Alltag von Bürgern gezeigt, bei denen sich die steigenden Kosten nicht mehr mit dem vorhandenen Einkommen stemmen lassen.

Auch in der Mittelrheinregion steigt die Zahl der Bedürftigen deutlich, die bei den Tafeln um Lebensmittel anstehen. Immer mehr Menschen brauchen die Unterstützung für das tägliche Leben, weil das Geld nicht mehr reicht.[13] Die Krise kommt zunehmend bei den Bürgern vor Ort als Herausforderung und bei manchen auch als Bedrohung an. Sie ist nicht nur eine durch die Medien geschilderte Krisensituation irgendwo auf der Welt. Viele Bürger und viele Branchen kämpfen auch noch mit den Folgen der Corona-Pandemie. Die Zahl der Flüchtlinge und die Probleme ihrer Unterbringung vor Ort steigen wieder an. Armut wird ein erkennbares Problem.[14]

In einem Zeitungsbericht über eine Studie der Hans-Böckler-Stiftung stand:

„Weniger offensichtlich und bekannt ist die Tatsache, dass von Armut betroffene Menschen vermehrt das politische System des Landes ablehnen. Das resultiert aus dem Gefühl und der Wahrnehmung, dass die politisch Verantwortlichen zu wenig für diese benachteiligten Personen tun. Das Gefühl kommt nicht von ungefähr. ... die Tatsache, dass in Deutschland rund 17 Prozent von Armut betroffen sind, sollte alarmieren. ... Die vorhersehbaren Spannungen werden die Gesellschaft auf eine harte Probe stellen. Deswegen ist es dringend geboten, zielgenau diejenigen zu unterstützen, die unter der Inflation am meisten leiden."[15]

Wie agierten Politiker und Parteien? Gas- und Strompreisdeckel und andere Entlastungs- und Überbrückungsangebote sind zeitlich befristete Maßnahmen, von denen auch Spitzenverdiener profitieren. Für diese Maßnahmen forderte selbst der Sachverständigenrat zur Begutachtung der gesamtwirtschaftlichen Entwicklung, dass eine höhere Besteuerung für Reiche angezeigt wäre.

Wie agieren Politiker der SPD? Unklar bei wichtigen und innerhalb der Koalition offenen und strittigen Themen. Die Kommunikation der SPD bleibt häufig für die Bürger unverständlich.

„Laut Forschungsgruppe Wahlen sehen 32 Prozent der Menschen die Kompetenz für soziale Gerechtigkeit weiterhin bei den Sozialdemokraten, deutlich mehr als bei allen anderen Parteien. Doch die Erwartungen werden offenbar nicht erfüllt. Anfang des Jahres waren laut ‚ARD-DeutschlandTrend' zumindest 58 Prozent der Deutschen der Meinung, es gehe hierzulande eher ungerecht zu. So hoch war die Zahl seit 2010 nicht mehr. Wo ist also die SPD? Zum Beispiel bei der Kindergrundsicherung?"[16]

Der Krieg in der Ukraine entfaltet seine Wirkung über die direkt betroffenen Länder hinaus:

> „Das Gift des Krieges verstärkt die in vielen Ländern schon zuvor verbreitete Abstiegsangst der Mittelschicht. Es bedroht die Armen und Ärmsten der Gesellschaft, die sich im bevorstehenden Winter vor die skandalöse Wahl gestellt sehen könnten: essen oder heizen."[17]

Die Auswirkungen der Krisen werden von den Bürgern zunehmend wahrgenommen und erfahren, aber auch die offensichtlich beschränkte Handlungsfähigkeit der Politiker. Als Kommentar zu einer Umfrage in NRW, wonach Inflation und Preissteigerungen mit 40 Prozent und die Gefährdung der Energieversorgung mit 30 Prozent mit Abstand an der Spitze der Sorgen der Befragten stehen[18], war in einer Regionalzeitung zu lesen:

> „Was der Politik im Land (aber auch im Bund) Sorgen machen muss, ist die grundsätzliche Abkehr der Menschen von den Parteien. Wenn mehr als ein Drittel der Befragten der Meinung ist, dass keine Partei die Interessen der politischen Mitte vertritt – und zur Mitte zählen sich die allermeisten Bürger – dann ist das ein dramatischer Befund. Aber auch nicht wirklich überraschend, wenn man daran denkt, dass die Wahlbeteiligung bei der Landtagswahl nur bei 55 Prozent lag."[19]

Vertrauensverlust der SPD

Frühere SPD-Landespolitiker sprachen von der SPD als der Schutzmacht des kleinen Mannes und waren damit erfolgreich. Günter Grass sprach als prominenter Vertreter der früheren SPD-Wähler-Initiative Anfang der 1970er Jahre vom SPD-Leitbild des angstfreien Menschen, frei von existenziellen Ängsten. Anfang der 2000er Jahre entstand eher das Bild von Gerhard Schröder als dem Kanzler der Bosse. Ins Zentrum des Interesses der sozialdemokratischen Parteien rückte die „neue Mitte", Wählerschichten mit Universitätsabschluss oder mindestens Abitur wurden zur Zielgruppe.

„Wo steht die SPD?" fragt das Buch von Gerd Mielke und Fedor Ruhose:

> „Die Abkehr von der Tradition der Verteilungsgerechtigkeit und – damit einhergehend – das Verlassen des sozialdemokratischen Feldes sowie die Umorientierung auf Chancen- und Generationengerechtigkeit prägt die Politik bis zur Finanzkrise. Viel Zeit, die seitdem vergangen ist, und die beschriebene inhaltliche Wende haben dazu geführt, dass

die SPD in der Wahrnehmung der Menschen immer noch außerhalb ihrer eigenen politischen Tradition steht. ... Sie hat kein Thema, das begeistert, und ein massives Problem in der Zuschreibung des eigenen Markenkerns. Dass fast 60 Prozent der Befragten meinen, die SPD setze sich nicht mehr für die sozial schwachen Menschen in der Gesellschaft ein, lässt tief blicken."[20]

Zunehmend viele Menschen, wohl besonders auch in der früheren SPD-Stammwählerschaft, empfanden die „Individualisierung" auch als eine Art Zurückweisung: Kümmert Euch selbst! Michael Sandel spricht mit Blick auf die Gesellschaft der USA von Meritokratie.[21] Auf uns, auf solidarische Unterstützung könnt Ihr nicht mehr rechnen. Beim „Fördern und Fordern" stand das Fordern im Mittelpunkt. Mein früherer Schulfreund hatte das erlebt.

Die Bürger sehen beim Bürgergeld, dem ehemaligen „Hartz IV", eine grundsätzliche Benachteiligung: Die Bürger, die Jahre und jahrzehntelang als Arbeitende ihren finanziellen Beitrag zum Sozialsystem geleistet haben, erhalten die gleiche Unterstützung wie Personen, die keinen Beitrag geleistet haben oder aktuell als Flüchtlinge aus der Ukraine kommen. Mein ehemaliger Schulfreund hatte diese ungerechte Behandlung in unserem Gespräch 2007 heftig kritisiert.

Mielke und Ruhose verweisen auf eine gravierende Fehleinschätzung der Partei- und Regierungsspitze um Gerhard Schröder und Franz Müntefering zur „Agenda 2010":

„Diese Agenda war eben nicht ein wirtschafts- und sozialpolitisches Maßnahmenbündel, sondern erschütterte einen tragenden Pfeiler der politischen Kultur in Deutschland. Die Markenkernschmelze für die SPD wird hier ganz dramatisch fassbar. Die Agenda 2010 hat die SPD von einem breiten Erwartungskonsens, der sich über alle sozialen Gruppen und politischen Lager hinweg spannte, getrennt und zum Verlust eines wesentlichen Teils der Anhängerschaft geführt. Auf längere Sicht hat dies ganz wesentlich zu einer breiten Distanz und Politikverdrossenheit der Wählerschaft beigetragen."[22]

In einer von der SPD in Auftrag gegebenen Analyse des ernüchternden Wahlergebnisses 2017 gaben die Autoren Erklärungen zum Vertrauensverlust:

„Dieses Misstrauen zwischen oben und unten ist umso gefährlicher für die SPD, als Glaubwürdigkeit und Vertrauen in politische AkteurInnen und deren Tun unabdingbare Voraussetzungen für Wahlerfolge und Mehrheiten sind. Vertrauen ist in hochmodernen Gesellschaften vor allem deshalb ein essentielles ‚aber auch hochfragiles Sozialkapital' (Franz Walter), weil traditionelle Beziehungen und Loyalitäten nicht mehr abrufbar sind. Viel schärfer noch als bei den Konservativen sind bei der SPD die einst

verlässlichen Bindungen etwa zu Gewerkschaften und Vorfeldorganisationen zerbro-
chen, Enttäuschungen (Ausbleibende Agenda-Korrekturen, Mehrwertsteuererhöhung,
Bildungspolitik, Arbeitsmarkt, Globalisierung) und Versäumnisse (Wohnungsbau,
Netzausbau, Pflege, Zweiklassen-Medizin) haben ihren Teil zur Erosion beigetragen.
Und Bündnisse mit neuen zivilgesellschaftlichen AkteurInnen – wie Campact, Attac,
Pulse of Europe etc. – ist die SPD nicht eingegangen. Möglicherweise aus guten Gründen, wohl aber eher, weil sie die Dramatik des Vertrauensverlusts noch nicht vollends
begriffen hat. Sonst wäre sie nicht nur vereinzelt, sondern flächendeckend mit zivilgesellschaftlichen AkteurInnen in kooperativem Kontakt."[23]

Die Autoren machen deutlich, dass sich der Vertrauensverlust über einen
längeren Zeitraum aufgebaut hat – auch ein Hinweis, dass die Wiedergewinnung von Vertrauen nicht nur durch einen Parteitagsbeschluss, sondern vor
allem durch konkretes politisches Handeln erfolgen kann:

„Und schließlich hat eine Reihe von Fehlentscheidungen die Glaubwürdigkeit von
Politik massiv diskreditiert. Gerade auch die SPD ist in den angeblich so erfolgreichen
Jahren von Schröder und Müntefering einer ganzen Kette von Irrtümern erlegen – mit
spürbaren Auswirkungen bis heute. Es war aus heutiger Sicht ein Fehler, im öffentlichen Sektor massiv Personal einzusparen, die Kontrollfunktion des Staates zurückzu-
fahren, den sozialen Wohnungsbau zusammenzustreichen und Hunderttausende von
Genossenschaftswohnungen zu verkaufen. Es war auch falsch, den Bankensektor zu
liberalisieren, die Zuständigkeit der Länder für den Bildungsbereich zu zementieren,
den umstrittenen Bologna-Prozess mit der Einführung der Bachelor- und Master-Ab-
schlüsse zu feiern oder auch – nicht zuletzt weil die Wirtschaft massiv darauf drängte –
flächendeckend G8 einzuführen und die gymnasiale Oberstufe abzukürzen. Die SPD
muss nicht in Asche gehen, weil auch der mediale Mainstream massiv zu einem Rückzug des Staates drängte. Und doch hat die Sozialdemokratie allzu eilfertig und allzu lang
all den Forderungen nach Privatisierung, Liberalisierung und einem angeblich schlan-
keren und effizienteren Staat nachgegeben."

Den früheren Stammwählergruppen unterstellte man wohl eine dauerhafte
Bindung an die SPD – quasi alternativlos. Dass diese Stammwähler – ob im
Ruhrgebiet, in Deutschland und auch in anderen europäischen Ländern –
sich in den letzten Jahren zunehmend rechtspopulistischen Parteien zuwenden, erwischte sozialdemokratische Parteien weitgehend unvorbereitet. Sie
blieben angesichts dieser Entwicklung weitgehend ziellos und planlos – auch
ohne Alternative zu ihrem neuen Mitte-Kurs. Diese Entwicklung offenbart
auch die zunehmende Distanz und Entfremdung zwischen schrumpfender
Parteibasis und den um Ämter und Mandate ringenden Personengruppen in
der Partei.

2 Zunehmende Armut und Spaltung der Gesellschaft

Schon 2007 kritisierte Oskar Negt, dass die Parteien zwar eine rückläufige Wahlbeteiligung beklagen, aber die politischen Eliten Kritik nie auf sich selbst beziehen. Nicht Arbeit bestimme den öffentlichen Diskurs über das Gewicht politischer Handlungsfelder, sondern die betriebswirtschaftliche Denkweise, die das, was einmal Wohlstandsökonomie, „Ökonomie des Ganzen Hauses" hieß, völlig aufgezehrt habe.

Er befürchtet den Verlust eines Gerechtigkeitsgefüges in den Lebensverhältnissen:

> „Zusammenhalt ist gefährdet, wenn mit dem Abbau des Sozialstaates immer mehr Kosten in den Sicherheitsstaat investiert werden müssen. Die durch sozialstaatliche Sicherungen verbürgte Angstfreiheit der Menschen ist der demokratischen Substanz unserer Gesellschaftsordnung zu Gute gekommen. ... Wenn die Menschen in unübersichtlichen Krisensituationen und gesellschaftlichen Umbrüchen die Orientierung verlieren, werden sie anfällig für Sicherheitsangebote politischer und religiöser Scharlatane."[24]

Die Bürger aber, die sich zu den Verlierern, zu den Abgehängten zählen oder gezählt werden, haben häufig nicht mehr den Mut und die Kraft, sich im Bekanntenkreis, in der Nachbarschaft, oder gar öffentlich zu „outen" – auch nicht gegenüber der Politik. Es ist nicht nur der materielle Verlust, der Einkommensverlust, sondern auch die empfundene Demütigung durch staatliche Stellen und teilweise auch im persönlichen und nachbarschaftlichen Umfeld, die zunehmend zur Isolation und Vereinsamung führt. Und wo Protest doch mal auf- und ausbricht, dann in der Protestwahl zugunsten meist rechts-populistischer Parteien, wie in den nördlichen Stadtteilen der Ruhrgebietsstädte.

Ähnliche Entwicklungen erleben wir in Frankreich, Italien, den Niederlanden, England – oder auch beim Zulauf von Wählern zu Trump in den USA. Anlässlich der Kommunalwahl in Frankreich 2020 wurde berichtet, die klassischen Parteien seien so unbeliebt, dass bei den Kommunalwahlen viele Kandidaten als Unabhängige antraten.

> „Seitdem Emmanuel Macrons Bewegung ‚En Marche' im Mai 2017 das französische Parteiensystem zum Einsturz brachte, verschoben sich die politischen Koordinaten der Fünften Republik. Zuerst wurden die Sozialisten und dann auch die konservative Partei pulverisiert. Und nun werden auf einmal im ganzen Land parteipolitische Referenzen gemieden, als würden sie unweigerlich großes Unglück nach sich ziehen."[25]

Ähnliche Entwicklungen konnte man auch schon vor mehreren Jahren in Deutschland feststellen, als zum Beispiel die SPD-Kandidaten für das Oberbürgermeisteramt in Köln und Bonn ohne SPD-Logo auf den Wahlplakaten erschienen.

Es geht nicht nur um die materielle Benachteiligung, um den Verlust von Einkommen, es geht auch um den mangelnden Respekt, um die Erfahrung der Demütigung – zum Beispiel im Kontakt mit öffentlichen Einrichtungen wie dem Jobcenter oder durch Ausgrenzungserfahrungen im persönlichen Lebens- und Wohnumfeld.

Deshalb muss es bei der glaubwürdigen Vermittlung eines sozialdemokratischen Menschenbildes und dessen Umsetzung in politisches Handeln um Respekt und Anerkennung gehen. Es geht um die Orientierung der Politik an einem Menschenbild, das den Politikern wieder Glaubwürdigkeit und Vertrauen verschaffen kann und die Zustimmung für ihre Politik.

So kommen wir zu der Aussage von Günter Grass Anfang der 1970er Jahre: Die SPD strebe den angstfreien Menschen an. Das Profil der SPD und das ihrer Partnerparteien in Europa dieser Zeit war sehr geprägt von diesem Menschenbild und einer Politik, die für sehr viele Menschen eine sehr konkrete, praktische, existenziell wichtige Bedeutung hatte – und wieder gewinnen sollte!

Legitimationskrise der Demokratie

Diese Entwicklungen lösen bei vielen Bürgern Ohnmachtsgefühle aus, die zu Resignation und Rückzug, aber auch zu Wut auf dieses System führen. Junge Wutbürger besetzen den Hambacher Forst, um gegen den Braunkohleabbau zu demonstrieren. Andere Wutbürger demonstrieren gegen Migranten oder gegen Corona-Impfungen. Zunehmend viele Bürger nehmen ihr Wahlrecht nicht wahr.

Wilhelm Heitmeyer stellte fest, die Menschen mache wütend, dass die Politik nichts aus Krisen lerne, zum Beispiel nach den Erfahrungen mit der Finanzkrise keine wirkungsvollen Regeln für den Finanzmarkt durchgesetzt habe. Die Wut fände kein Ventil, wir hätten es mit einer wutgetränkten Apathie zu tun:

„Die Mehrheit der Bevölkerung traut der Politik grundsätzlich nicht mehr zu, die großen Probleme zu lösen. ... Die Demokratie ist in einer Krise, die Teilnahme an Wahlen,
auch an der Bundestagswahl, ist gesunken. Wir beobachten eine tiefgreifende politische Resignation, ich nenne es Demokratie-Entleerung."[26]

53 Prozent derjenigen, die sich von der Wirtschaftskrise bedroht fühlen, sagten, es sei sinnlos, sich politisch zu engagieren.

Oskar Negt warnte: Wenn die Politikverdrossenheit zunehme, gingen der
so vernachlässigten und vergessenen Demokratie die echten Demokraten
aus. Eine vergleichbare Entwicklung habe zum Untergang der Weimarer Republik geführt:

„Es kommt zu einer unmerklichen, aber folgenreichen Wirklichkeitsspaltung: Die sub-
jektiven Orientierungen des Menschen und das öffentliche System der staatlichen Institutionen driften auseinander. Am Ende steht eine gebrochene Gesellschaftsordnung,
in der ... das offizielle Institutionengefüge völlig intakt und funktionsfähig erscheint –
die Wahlen werden nicht gefälscht, die Korruption ist nicht endemisch, die Machttei-
lung wird respektiert, Recht wird gesprochen. Aber im Inneren dieser Gesellschaft brodelt es, mit Ausbrüchen ist zu rechnen, in der Abwendung vom System entstehen politische Schwarzmarktphantasien – das Einfallstor für Populisten jeder Art."[27]

Eine Journalistin stellte im August 2021 fest:

„Es fehlen überzeugende politische Angebote. Es fehlen Personen, die Begeisterung,
Vertrauen oder wenigstens Interesse wecken. 46 Prozent der Bürgerinnen und Bürger
gaben jüngst in einer Umfrage an, sich keinen der drei Kanzlerkandidaten im Amt zu
wünschen. ... Das ist höchst problematisch für ein Land, das so dringend auf kluge Ideen
und eine kraftvolle neue Regierung angewiesen ist. ... Keine der drei großen Parteien
ist ihrer Verantwortung gerecht geworden, weil sie nicht ihre Besten aufgestellt haben."[28]

Die Vermittlung der Positionen und Entscheidungen der Politiker erscheint
den Bürgern völlig unzureichend, so auch die Ergebnisse einer Umfrage:
44 Prozent bejahten die Aussage, die ganze Politik sei so kompliziert, dass
man nichts mehr verstehe.[29] Deshalb wird auch in den Medien eine klare
Kommunikation der Regierenden gefordert:

„Woran es fehlt, sind klare Worte der Politik. Nicht gegenüber Putin, sondern an die
eigenen Bürgerinnen und Bürger. ... Besonders auffällig ist, wie wenig vom Bundesprä-
sidenten zu hören ist. Obwohl das genau Frank-Walter Steinmeiers Aufgabe wäre: in
schwieriger Zeit zu den Menschen zu sprechen. ... Und auch Kanzler Olaf Scholz dürfte
sich als Regierungschef ruhig öfter mal an seine eigene Zeitenwenderede vom 27. Februar erinnern."[30]

Der Politikwissenschaftler Franz Walter sieht auch problematische Strukturen in den Parteien und in den staatlichen Institutionen, die zu einer Aushöhlung der Demokratie führen:

„Moderne Demokratien haben sich, gleichsam in paradoxer Reaktion auf gesellschaftliche Modernisierung und partizipatorische Ausfächerung, mehr und mehr zu Verhandlungsdemokratien in verschlossenen Räumen mit den informellen Strukturen einer Oligarchie entwickelt. ... Im politischen Establishment der modernen Demokratie setzt niemand ernsthaft auf „mehr Demokratie wagen". Die aktive Teilhabe des Souveräns diesseits der Wahlsonntage gilt vielmehr als Störfaktor für die Effizienz der Regierungsadministration. Die Politik offeriert vollendete Tatsachen, kleidet sie sodann in das Autoritätsgewand unzweifelhafter Sachrationalität und versucht, sich so der öffentlichen Debatte zu entziehen. ... Überdies haben die zentralen Orte der repräsentativen Demokratie, die nationalen Parlamente, durch die Eurokrise ein weiteres Mal an Durchschlagskraft verloren. Die demokratische Souveränität ist teilsuspendiert. ..."[31]

Dazu gehören auch zunehmend intransparente Auswahlprozesse des politischen Personals und der Mandatsträger der Parteien. Die Parteien erscheinen bei ihrer Entscheidungsbildung, insbesondere in ihrer parlamentsbezogenen Personalpolitik, zunehmend als abgeschotteter Bereich. Und: Personalpolitik geht vor Sachpolitik – von der Orts- bis zur Europaebene. Die Diskrepanz zwischen den propagierten Werten – ob Gemeinwohl, Mitbestimmung oder Europa – und den von Bürgern erfahrenen, ihnen berichteten oder von ihnen erlittenen politischen Entscheidungen hat stark zugenommen. Hier entwickelt sich nicht nur eine mögliche, latente, sondern eine manifeste Gefahr für die Demokratie: Durch den zunehmenden Vertrauensverlust, durch zunehmendes Misstrauen gegenüber der Integrität und der Kompetenz von Politikern verlieren diese an Legitimität und Fähigkeit, politisch zu handeln.

Was sollte geschehen? Bei der Aufstellung von Kandidaten darf es nicht darum gehen, Politikern den Aufstieg in höhere Ämter und Einkommensgruppen zu ermöglichen – ob öffentlicher Dienst oder sichere Listenplätze und Parlamentssitze, wie das bei dem um sich greifenden Geflecht von Seilschaften zu erleben ist – zum persönlichen Vorteil der Mitwirkenden und Begünstigten. Hier wurde schon mal das anschauliche Bild verwendet, Parteien würden von internen Gruppierungen zur Beute genommen.

Und es ist ein wirklich gravierendes Alarmsignal für die politische Kultur, dass dieses so geprägte Erscheinungsbild der Parteien nicht nur von den so handelnden Politikern inzwischen für normal gehalten wird und sie entsprechende Ansprüche stellen, sondern zunehmend auch von Bürgern, von der ehemaligen Stammwählerschaft – und zunehmend auch von verbliebenen Mitgliedern der Parteien, der Basis. Der Profil- und Vertrauensverlust der Parteien begünstigt andere politische Partizipations- und Protestformen, zum Beispiel Initiativen oder Protestwellen.

In einem Artikel „Spaß an der Politik versetzt Etablierte in Schrecken" berichtete die Frankfurter Rundschau im Herbst 1997 über die Einschätzung des Politikwissenschaftlers Roland Roth. Er sehe die Demokratie als ein „fragiles Gebilde". Denn die Bürger wendeten sich von der etablierten, an Parteien geknüpften Politik ab, aber punktuellen, mit ihren unmittelbaren Lebensumständen verknüpften Initiativen zu. Roth räume auf mit der beharrlich vorgetragenen Behauptung, immer weniger Bürger dieser Republik fühlten sich für das Gemeinwesen verantwortlich und vernachlässigten ihre Pflichten. Gegenwärtig sei „das Problem nicht ein Mangel an Engagement, sondern seine weitgehende Wirkungslosigkeit". Das nähre bei Roth Befürchtungen. Langfristig könne das „destruktive Rückwirkungen für die politische Kultur haben". Er halte es für angezeigt, die Kommunen – das unmittelbare Feld, das beteiligungswillige Bürger bestellen – „zu einem zentralen Politikfeld zu machen" und sie nicht weiterhin finanziell auszutrocknen.[32]

Man sieht, dass das Interesse an Politik nicht generell abgenommen hat. Um mehr Mutbürger zum Engagement in Parteien zu ermutigen, müssten die Parteien mehr echte Beteiligungs- und Mitbestimmungsangebote schaffen: Sie müssten sich für eine aktive Mitwirkung ihrer Mitglieder öffnen – und so auch für neue Mitglieder attraktiver werden.

Das Vertrauen in Parteien schwindet in vielen Ländern. Der Protest wird häufig auf die Straße getragen, Parteien werden seltener als Ansprechpartner gesehen. Die „Brexit"-Kampagne in Großbritannien richtete sich gegen das „EU-System". Personen kapern Parteien, wie Trump es in den USA immer noch versucht. Die Präsidentschaftswahl und die Parlamentswahlen in Frankreich im Frühjahr 2022 haben gezeigt, dass frühere Volksparteien dort keine Rolle mehr spielen.

Diese Entwicklungen zeichneten sich also seit vielen Jahren ab, ohne dass die Volksparteien bisher wirksam agiert oder reagiert und sich als lernende

Organisationen glaubwürdig präsentiert hätten. Auch mit Blick auf politische Entscheidungen und politisches Handeln vor und während der Weltfinanzkrise ab 2007, den angesichts der globalen Vernetzung eingeschränkten nationalen Handlungsmöglichkeiten, stellte Jürgen W. Falter fest, dass das Vertrauen in die Lösungsfähigkeit der Politik und in die Kompetenz der Politiker, den großen gesellschaftlichen Entwicklungen adäquat zu begegnen, gesunken und weiter im Sinken begriffen sei:

„Die Wähler merken, dass die wirklich wichtigen politischen Entscheidungen jenseits der nationalen Hauptstädte und außerhalb der nationalen Parlamente gefällt werden. ... und sie reagieren entsprechend, indem sie sich entweder ganz dem Wahlgeschehen entziehen oder der Politik mit kaum verhohlener Verachtung begegnen. Damit entsteht allmählich ein veritables Legitimationsproblem für das parlamentarische Regierungssystem."[33]

Die Menschen können so das Gefühl gewinnen, wir haben schon keinen Einfluss darauf, wer für unseren Wahlkreis als Abgeordneter in den Bundestag einzieht. Und wenn er dann im Bundestag sitzt, hat er keinen Einfluss darauf, was in Brüssel, New York oder Davos vorentschieden oder entschieden wird.

3 Gespräch mit einem früheren Schulfreund

Schon seit längerem hatte ich ab und an den Gedanken, den Kontakt zu ehemaligen Mitschülern nach langer Zeit zu suchen. Mit einem hatte ich 1966 bis 1968 eine Höhere Handelsschule besucht. Er war mein Tischnachbar in den zwei Jahren. Wir hatten viel Blödsinn gemacht – aber beide auch einen guten Schulabschluss. Ich erinnere mich an unsere „Züge durch die Gemeinde", durch Kneipen unserer Stadt: Nur ein Bier pro Kneipe! Wir trafen uns häufig mit einem weiteren Schulfreund, mit dem wir die erste Gruppe von Amnesty International (A.I.) in unserer Stadt gründeten. Wir bekamen drei „Fälle" von A.I. zugeteilt, deren Schicksale wir an Info-Ständen vor der Städtischen Sparkasse öffentlich machten. Unser A.I.-Engagement führte uns auch zur Politik. Wir sprachen über Rassismus, über Apartheid in Südafrika, den Vietnamkrieg. Politik wurde in der Zeit in Deutschland auch zunehmend öffentlich begleitet und unterstützt von Kulturschaffenden, Schauspielern, Musikern oder Künstlern wie Klaus Staeck. Später gab es sogar eine SPD-Wähler-Initiative mit Günter Grass und vielen anderen Prominenten. Ich begann in dieser Zeit, regelmäßiger Spiegel-Leser zu werden und Leserbriefe zu politischen Themen in unserer Regionalzeitung zu veröffentlichen.

Wenn in der Schulzeit sich ein gemeinsames gesellschaftspolitisches Interesse und eine gemeinsame gesellschaftspolitische Verständigung entwickelt haben, möchte man gerne wissen: Was macht der Schulfreund heute? Wie steht er zu dem, was wir in der Schulzeit zusammen vertreten haben? Engagiert er sich noch? Ich verband positive Erinnerungen mit ihm.

Meine Erinnerung wurde wieder aktiviert, als ich Anfang 2007 an einem Info-Stand von Amnesty International in meinem aktuellen Wohnort von einem jungen Mann angesprochen wurde, der mir die Fälle seiner A.I.-Gruppe vorstellen wollte. Er war erstaunt, als ich ihm von unseren Fällen 1967 berichtete. Diese Begegnung aktivierte auch meinen Wunsch, Kontakt zu meinem Schulfreund aufzunehmen.

Ich fand ohne Probleme seine Telefonnummer. An einem Montagnachmittag habe ich angerufen. Er war es beim ersten Versuch! Er erkannte mich direkt und meldete sich, als wenn er den Anruf erwartet hätte.

Schon während dieses ersten Telefongespräches – nach rund 40 Jahren – war auf seiner Seite ein starker Erzähldrang erkennbar.

Er berichtete von inzwischen längerer Arbeitslosigkeit, schweren Erkrankungen, Erwerbsunfähigkeitsrente und inzwischen Arbeitslosengeld II – „Hartz IV", wie es umgangssprachlich meist genannt wurde: Vom Abstieg! Von mir erinnerte er meinen späteren SPD-Eintritt, meine Leserbriefe in der Regionalzeitung und meine Afrika-Träume. Er war IG-Metaller geworden, aber keiner Partei beigetreten.

Einige Wochen später war ich in meiner früheren Heimatstadt, um einige Dinge zu erledigen, was schneller geschafft war als gedacht. Ich fand die Wohnung in einem Mehrfamilienhaus schnell. Sein Anblick hatte mich ein wenig erschreckt: Ein dunkles, bärtiges Gesicht, zusammengekniffene Augen ohne Brille, um die Augen herum geschwollen.

Vom Eingang ging man geradeaus in Richtung einer stark abgedunkelten Wohnung, die Rollladen waren bis auf die vor einer schmalen Balkontür herabgelassen.

Dominanter Eindruck: Im Wohnzimmer lief ein großer Fernseher dauerhaft, davor sein abgedeckter Sessel, daneben ein Hocker mit Medikamenten, Salbentuben, Tücher, Cola – und Zigaretten. Das ZDF war eingeschaltet, zunächst lange mit Ton. Als er nach längerer Zeit wohl merkte, dass mich das irritierte, stellte er den Ton ab, das Bild lief weiter.

Er sprach, während er gleichzeitig auf den Fernseher schaute. Es dauerte lange, bis er sich während seiner Erzählungen mir direkt zuwandte. Seine von mir abgewandte und dem Bildschirm zugewandte Erzählung hatte stark selbstreflexive Elemente.

Er erzählte zunächst im Monologstil seine Lebensgeschichte. Unsere Wege hatten sich nach der Schule getrennt: Er machte eine kaufmännische Lehre im größten Unternehmen unserer Stadt und arbeitete dort.

Bis zur Übernahme der Firma durch ein Konkurrenzunternehmen 1999. Mit Blick auf eine drohende Entlassungswelle nahm er ein zeitlich befristetes Abfindungsangebot an. Er meldete sich arbeitslos und bewarb sich auf viele Stellen – erfolglos, er war schon über 50! Zunächst erhielt er Arbeitslosengeld I. Dann wurde er krank, konnte aufgrund eines Augenleidens kaum sehen, bekam dann eine Erwerbsunfähigkeitsrente, die jährlich beantragt und verlängert werden musste. Als sich einmal der Verlängerungsantrag verzögerte, so berichtete er, musste er Arbeitslosengeld II beantragen – im Jobcenter, das im Verwaltungsgebäude seines früheren Unternehmens untergebracht war! Und auch hier gab es Verzögerungen: Er wurde zu Terminen einbestellt – dann war mal seine Akte nicht zu finden, dann der PC kaputt oder das System abgestürzt oder der Mitarbeiter, der seinen Fall bearbeiten sollte, war gerade verreist, ... so seine Schilderung. Er war in „Hartz IV" gelandet.

Er war nicht zornig oder wütend, eher enttäuscht, verzweifelt, eben abgehängt. Er hatte offensichtlich sehr lange keinen Gesprächspartner gefunden, um alles einmal loszuwerden.

Er erlebte „Hartz IV" und hatte es im Gespräch geschildert. Ich hatte mich über „Hartz IV" informiert. Ich hatte es gehört, gelesen – aber nicht erfahren. Beide waren wir entschieden dagegen. Keine Frage. Aber unterschiedlich betroffen. Vor dem Hintergrund der ausführlichen Schilderung seiner prekären Situation schienen mir übliche Begründungen so banal wie verletzend. Ich musste mich ganz offen zu meiner Ratlosigkeit bekennen.

Nach rund einer Stunde wandte er sich vom Fernseher ab, wandte sich von seiner Lebensgeschichte ab und mir zu. Aus dem Monolog entwickelte sich ein Dialog. Es ging zunächst um unsere gemeinsamen Erinnerungen, unser Engagement und politische Positionen – was schließlich zum Schluss meines Besuches zu seiner Frage an mich führte. Er kam zu unseren gemeinsamen Erfahrungen: Schule, Amnesty International, Austausch über Politik. Ich erzählte von Juso- und SPD-Aktivitäten in unserer Heimatstadt, die er aber eher am Rande verfolgt hatte. Er hatte keine Neigung, sich parteipolitisch zu engagieren.

Ich berichtete von meiner Teilnahme an einer Demonstration vor seinem Unternehmen 1970 oder 1971, an der maßgeblich unsere Jungsozialisten-AG beteiligt war. Die Demonstration richtete sich gegen das Engagement des Unternehmens im Apartheidstaat Südafrika. Unsere Beteiligung fand zurückhaltende Missbilligung der örtlichen SPD-Führung, aber von unserem Bundestagsabgeordneten kam massive Kritik. Er forderte, die teilnehmenden SPD-Mitglieder aus der Partei auszuschließen. Aufgrund der Besonnenheit der lokalen Parteiführung kam es nicht dazu. Viel später erfuhren wir dann, dass der Bundestagsabgeordnete schon zu dieser Zeit einen Berater-vertrag mit dem Unternehmen hatte.

Aber ich konnte auch viele persönliche, positive, schöne Erlebnisse und Erfahrungen mit Genossinnen und Genossen in der SPD berichten, auch von meiner Kritik später an „Hartz IV", der „Agenda 2010", die Bundeskanzler Schröder in seiner Regierungserklärung im März 2003 angekündigt hatte, und an anderen Entscheidungen der Schröder-Regierung.

Das Ergebnis: Er war von meiner Distanzierung zu diesen Entscheidungen offensichtlich nicht so überzeugt. Was mir angesichts seiner persönlichen Lebenssituation völlig verständlich war. Ich hatte auch seit langem Zweifel gegenüber dieser Politik. Und sagte es.

Ich versuchte gar nicht weiter zu begründen, zu beschwichtigen. Wir gingen auch jetzt miteinander offen um. Ich konnte berichten, dass ich in verschiedenen Phasen auch an einen Austritt aus der SPD gedacht hatte – aber nach so langer Zeit? Und nach all den anderen, positiven Erfahrungen und guten Erlebnissen in und mit dieser Partei? Wegen einiger Politiker auszutreten, wo ich doch nicht wegen bestimmter Politiker eingetreten war? Gehört die Partei nur wenigen Spitzenpolitikern oder uns, den Mitgliedern?!

Seine prekäre Lebenslage 2007 war eng verbunden mit dem Niedergang des früher größten Unternehmens unserer Stadt. Ende des 19. Jahrhunderts gegründet, war es in seinen letzten Jahrzehnten im Anlagenbau und in der Umwelttechnik tätig und erfolgreich. Allein im Stammwerk in unserer Stadt waren in den 1960er und 1970er Jahren über 3.000 Menschen beschäftigt. Das Unternehmen hatte noch Niederlassungen in Finnland und Südafrika.

Von örtlichen Vertretern der IG Metall sowie früheren Mitarbeitern des Unternehmens und auch von meinem Schulfreund erfuhr ich, dass das Familienunternehmen um 1990 zunächst mehrheitlich von einem Baukonzern übernommen wurde. Hintergrund sollen Uneinigkeiten zwischen Eigentümerfamilie und dem Management gewesen sein. Als der Baukonzern 1999 Insolvenz anmelden musste, wurde das Unternehmen von einem Konkurrenzunternehmen übernommen. Die Fertigung in unserer Heimatstadt wurde geschlossen. Die Umwelt- und Energietechnik wurde zum früheren Konkurrenten ausgelagert. 2002 musste auch dieser Insolvenz anmelden.

Fazit: Zwei große Unternehmen, beide angeschlagen, hatten ein wahrscheinlich noch gesundes Unternehmen in unserer Heimatstadt mit in den

Abgrund gezogen – ohne selbst gerettet zu werden. Viele Arbeitsplätze gingen in unserer Heimatstadt verloren. Einer davon war der Arbeitsplatz meines früheren Schulfreundes.

Er erzählte, dass im Unternehmen darüber gesprochen worden sei, dass bei der Übernahme 1999 ein ehemaliger NRW-Finanzminister unterstützend tätig geworden sei. Mein Schulfreund sah führende SPD-Politiker für den Niedergang des Unternehmens mitverantwortlich. Konnte ich ihm widersprechen? Auch angesichts dessen, was ich später noch darüber erfahren habe: Ich konnte und kann es nicht. Von der Schließung des Unternehmens, dem Verlust des Arbeitsplatzes bis zu seinen bitteren Erfahrungen mit „Hartz IV" sah er SPD-Politiker in der Verantwortung.

Er fragte mich, wie ich denn zur deutschen Beteiligung am NATO-Einsatz in Jugoslawien ab 1999 oder der Erklärung der „uneingeschränkten Solidarität" mit den USA 2001 und dem folgenden Einsatz der Bundeswehr in Afghanistan stünde? Ich legte ihm meine ebenfalls kritische Position zu diesen Entscheidungen dar und sagte, dass das früher vorhandene friedenspolitische Profil der SPD meiner Meinung nach schon damals stark geschwächt war.

Und ich versuchte es mit einem Rückblick: Als wir vor rund fünfundzwanzig Jahren in der Politik der NATO und dem NATO-Doppelbeschluss einen Widerspruch zu dem sahen, was wir mit der Friedenspolitik der SPD verbanden, war das für uns ein Anlass zu öffentlichem Protest. Im Oktober 1981 und im Oktober 1983 nahmen viele SPD-Mitglieder an den Friedensdemonstrationen im Bonner Hofgarten teil – auch meine Frau und ich. Es waren friedliche Demonstrationen mit 300.000 bzw. 500.000 Teilnehmern. Die Polizei hatte wenig zu tun. Für uns, wie wir es auch von anderen SPD-Mitgliedern erfahren hatten, war es 1981 keine Demonstration gegen Bundeskanzler Schmidt, sondern gegen eine mit dem NATO-Doppelbeschluss verbundene atomare Aufrüstung. 1981 sprach neben Heinrich Böll auch der SPD-Politiker Erhard Eppler, 1983 neben Heinrich Böll auch Willy Brandt. Es war ein tolles Gefühl, mit so vielen Menschen nicht nur gegen die NATO-Nachrüstung, sondern auch für die Fortsetzung der Friedenspolitik zu demonstrieren.
Seine Mimik und Gestik machten deutlich: Mein Versuch wirkte hilflos und für ihn nicht überzeugend. Für mich auch nicht. Und er stellte die Frage:

„Und Du bist noch in der SPD?!"

Das Gespräch mit ihm, die Schilderung seiner Lebenssituation waren für mich ein wichtiger, sehr persönlicher Anstoß zur Selbstreflexion und Selbstvergewisserung. Nach diesem Besuch bei ihm konnte ich nicht direkt nach Hause fahren. Als ich das Haus verlassen hatte, war ich ziemlich durcheinander, fertig: Der Eindruck des Treffens und des Gespräches war zu stark und lebhaft. Der Kontrast zwischen seiner prekären Situation, der Politik der Regierungsverantwortlichen der SPD, und meiner persönlichen Lage war zu krass.

Er hatte – wie bei unserem Telefonat – ein unheimlich starkes, fast ausschließliches Bedürfnis, mir seine Geschichte zu erzählen. Ich war nur Zuhörer. Vielleicht war ich seit längerer oder langer Zeit der Einzige, der sich für ihn interessierte, der sich meldete – der quasi in seinen abgedunkelten Lebensraum vordrang, nichts von ihm wollte, nur zuhören.

Natürlich hatte er finanzielle Probleme, war „am Ende des Geldes noch zu viel Monat übrig".[34] Was mir durch diesen Besuch noch deutlicher wurde: Es geht aber nicht nur um materielle Einbußen, auch wenn sie erheblich sind, wenn man aus einer mittleren Einkommensschicht in „Hartz IV" stürzt. Es sind auch Demütigungen – im Jobcenter, in anderen Ämtern, in der Nachbarschaft. Es ist der Rückzug aus dem bisherigen sozialen Umfeld, aus der Stadtgesellschaft – was als Ausgrenzung empfunden wird.

Ein Gedanke: Kann ich ausschließen, dass es mir hätte auch so ergehen können?! Ein materieller Abstieg, der in einen sozialen Abstieg mündet, kann schneller, gar brutaler und heftiger kommen, als es sich viele vorstellen können oder wollen. Sich darauf einlassen, heißt auch, sich auf die soziale Realität dieser Zeit einlassen. Die schwierigen, beschwerlichen und belastenden Lebensumstände sind mitten unter uns. Wenn wir hinschauen, sind es „Erlebensfälle". Für die einen läuft das Leben noch „wie geschmiert", für andere, auch für die „Mittelschichten", gerät es zunehmend aus den Fugen.

Viele wissen gar nicht, wie viele Menschen in ihrer Stadt, in ihrer Nachbarschaft kaputt, nicht rechtlos, aber ohne Hoffnung sind, dass ihnen wirklich Recht geschieht, die tage- und nächtelang vor dem Fernseher sitzen, in abgedunkelten Räumen ... Der französische Sozialwissenschaftler Pierre Bourdieu hatte mit Kollegen solche Lebenslagen sehr umfassend erhoben und geschildert.[35] Da ist kein Aufbäumen mehr, kein Veränderungspotenzial, da geht es um das Überleben – und manchmal auch darum, in der Nachbarschaft ein wenig den Stolz zu bewahren, zumindest den Schein zu wahren. Ansonsten ist es der alltägliche Kampf gegen die praktischen Seiten der Armut, auch in Deutschland. Konnte ich in der SPD weitermachen, als hätte der Besuch nicht stattgefunden?! Das war nicht möglich. Das war mir klar. Meine allgemeine Kritik wurde durch die Erlebnisse und Erfahrungen während des Besuches konkreter und auch irgendwie belastender – auf eine Antwort drängend.

Nach meinem Besuch trat wieder eine längere Pause ein, unterbrochen von einigen meiner Telefonversuche, bei denen meist nur seine Frau zu sprechen war. Schließlich: Kein Anschluss unter dieser Nummer. Im Internet fand ich keine neue Telefonnummer. Ich fuhr zu seiner früheren Adresse, eine Wohnung in einem Mehrfamilienhaus: Kein Klingelschild mit seinem Namen. Ich sprach mit Nachbarn seines Elternhauses in der Nähe seiner früheren Wohnung: Das Haus war verkauft. Keine Erinnerung, kein Hinweis des Nachbarn. Nichts.

Ich gebe die Hoffnung nicht auf, ihn vielleicht doch noch zu finden und unser Gespräch persönlich fortzusetzen. Ich möchte versuchen, in diesem Buch ihm und auch mir eine Antwort zu geben, da es im direkten Austausch gegenwärtig nicht möglich ist.

4 Parteien in der Krise

Wenn wir auf die Ergebnisse der letzten Wahlen schauen, dann sehen wir, dass die ehemaligen Volksparteien verlieren: an Ansehen, an Vertrauen, an Wählern, auch an Mitgliedern und damit vor allem an politischer Gestaltungsmöglichkeit und Gestaltungskraft. Laut ARD-DeutschlandTrend im Juli 2023 käme die SPD auf 18 Prozent (+/-0 im Vergleich zu Juni), wenn jetzt Bundestagswahl wäre. Die Union würde sich leicht verschlechtern auf 28 Prozent (-1), wäre damit aber stärkste Kraft. Die Grünen verlören einen Punkt und kämen aktuell auf 14 Prozent – das für sie schwächste Ergebnis im ARD-DeutschlandTrend seit September 2018. Die FDP bliebe stabil bei 7 Prozent. Die Linke läge unverändert bei 4 Prozent. Die AfD würde sich um 2 Prozentpunkte auf 20 Prozent verbessern und wäre damit zweitstärkste Kraft. Das ist der höchste Wert, der für die AfD im ARD-DeutschlandTrend je gemessen wurde.[36]

Die Mitgliederzahlen vor allem der SPD sind stark gesunken. Während sie in den 1970er Jahren um eine Million schwankte, lag sie am 31.12.2022 bei 379.861. Zum Vergleich: die CDU hatte zum selben Zeitpunkt 371.986, die CSU 132.000 Mitglieder.[37] Bei der Bundestagswahl 2021 haben die Unionsparteien und die SPD je rund ein Viertel der abgegebenen Stimmen erhalten. Die SPD ein wenig mehr als die Unionsparteien. Ist deshalb die SPD der große Wahlgewinner? Für beide ehemaligen Volksparteien ist das Wahlergebnis – gemessen an ihrem Anspruch als Volkspartei – ein Desaster: Die SPD kann nur erleichtert sein, weil sie das zuvor seit Monaten festgestellte Umfrageloch von deutlich unter 20 Prozent verlassen konnte – vor allem dank der Fehler der Mitbewerber anderer Parteien.

Wenn die Vorsitzende der Jungsozialisten, neu über die Liste in den Bundestag eingezogen, auf dem SPD-Parteitag im Dezember 2021 von einem „grandiosen Erfolg der SPD" sprach, schien sie eine andere Wirklichkeit zu beschreiben. Wenn CDU und CSU und insbesondere ihr Spitzenkandidat sich in Vorbereitung auf die Wahl und während des Wahlkampfes besser präsentiert hätten, wäre das Ergebnis wahrscheinlich anders ausgefallen.

Eine erweiterte Sicht auf das Ergebnis der Bundestagswahl 2021 macht das Dilemma der ehemaligen Volksparteien noch deutlicher: Die SPD erhielt 25,7 Prozent und CDU/CSU 24,1 Prozent der *abgegebenen* Zweitstimmen. Bezieht man jedoch das Zweitstimmenergebnis dieser Parteien nicht auf die abgegebenen Stimmen, sondern auf die Zahl der Wahlberechtigten bundesweit, ist das Ergebnis noch ernüchternder: Hier kommen die SPD auf 19,5 Prozent und die CDU/CSU auf 18,2 Prozent.

Interessant ist auch das Zweitstimmenergebnis der SPD bei der Bundestagswahl 2021 nach Geschlecht und Geburtsjahr (in Prozent), veröffentlicht von der Bundeszentrale für politische Bildung: nach Geschlecht – Männer (24,5), Frauen (26,9), sowie beispielhaft nach Geburtsjahren: 1997–2003 (15,6) oder 1951 und früher (34,2).[38]

Wichtig ist auch ein Blick auf die Wahlbeteiligung. Sie lag bei den Bundestagswahlen 1972 (91,1 Prozent) oder 1998 (82,2 Prozent) sehr hoch. Bei den letzten vier Bundestagswahlen gab es die niedrigsten Wahlbeteiligungen seit 1949: 2009 (70,8 Prozent), 2013 (71,5 Prozent), 2017 (76,2 Prozent) und 2021 (76,6 Prozent).

Mögliche Maßnahmen gegen diesen Trend waren Thema in der überregionalen Presse zum Ausgang der Landtagswahl in Nordrhein-Westfalen (NRW) im Mai 2022.[39] Die Konrad-Adenauer-Stiftung befragte die Wählerinnen und Wähler nach ihren Wahlmotiven bei der Bundestagswahl 2021.[40]

Schon bei der Bundestagswahl 2017 haben Union und SPD zusammen nur 53,4 Prozent der Stimmen erhalten, die SPD 20,5 Prozent. Und während die Union 231 Direktmandate erreichte, waren es für die SPD nur 59, führt Eckhardt Jesse aus, und mit Blick auf die starke Vergrößerung des Bundestages schreibt er weiter:

> „Die Fraktionen nutzten den Verzicht auf eine volle Ausgleichslösung für Attentismus. Deren unausgesprochene Devise: Wenn wir schon Stimmen einbüßen, wollen wir wenigstens möglichst viele Mandate behalten. ‚Mehr' bedeuten mannigfache – personelle und materielle – Ressourcen. Den insgesamt 49 Überhangmandaten stehen nun 62 Ausgleichsmandate gegenüber."[41]

Jegliche Transparenz fehle im Wahlsystem – es falle schwer, keine Satire zu schreiben.

Parteien, die sich noch in den 1970er Jahren einer relativ stabilen Stammwählerschaft gewiss sein konnten, können sich immer weniger auf die Loyalität der Wählerschaft verlassen. Auch die Zahl der ‚Wechselwähler' nimmt zu. In der Literatur finden sich Erklärungen für den Vertrauens-verlust:

> „Die nachlassende Organisationskraft hat zur Folge, dass die Parteien heute über keinen Vertrauensvorschuss mehr verfügen, der als ‚Legitimationspolster‘ wirkt, wenn die von der Politik erbrachten Leistungen hinter den Erwartungen der Bürger zurückbleiben. Von daher stellt sich die Frage, wie einer weiteren Entfremdung im Verhältnis von Parteien und Bürgern entgegengewirkt werden kann.“[42]

Ähnliche Entwicklungen waren auch in Nachbarländern wie Frankreich zu beobachten, als bei den Regionalwahlen 2021 zwei Drittel der wahlberech-tigten Franzosen der Wahl fernblieben:

> „Die Politiker müssten die Frage nach der eigenen Legitimation als Volksvertreter stellen. … Viele Politiker schieben den schwarzen Peter den Wählern zu. Diese hätten das komplizierte Abstimmungssystem nicht verstanden oder seien zu wenig an Politik interessiert. Die Gelbwesten-Bewegung oder die Klimaproteste haben aber gezeigt, dass die Franzosen durchaus sehr politisch denken. Deutlich wird, dass sich die Formen des politischen Engagements radikal verändert haben. Eine Wahl ist keine Pflichtveranstal-tung mehr, sich politisch auszudrücken. Den Parteien fällt es schwer, darauf zu rea-gieren.“[43]

Peter Müller weist darauf hin, dass die Wahlbeteiligung dort sinke, wo Ar-beitslosigkeit und Armut grassieren und die Mittelschicht im Überlebens-kampf stehe. Die Desillusionierung über die eigenen Lebenschancen führe dazu, dass nun weniger Wähler politisch abstimmten:

> „Aber eine Demokratie kann prekär werden, sobald daraus ein Monopol der Arbeits-platzbesitzer und Gutverdiener, der wohlsituierten Mitte wird. Prekäre Wahlen sind nicht, was Wahlen sein sollen: repräsentativ für eine Gesellschaft.“[44]

Als wenig überzeugend sieht Müller die lässig dahingeworfene Bemerkung von Politikern, die Leute würden sich eben einfach nicht mehr für Politik interessieren. Das Land sei mehr an Politik interessiert, als Politiker meinten.

Franz Walter sah schon 2004 eine Entwicklung zur Implosion der Volks-parteien:

> „Und so fällt derzeit niemandem so recht auf, dass wir jetzt vielleicht tatsächlich am Ende der Volksparteien, wie wir sie kannten, angelangt sein könnten. Denn sie verlie-ren all das, was sie einst groß, stark und stabil gemacht hat. Sie verlieren ihre Leitziele, ihre historischen Subjekte, ihre sozialen Verwurzelungen. Und sie bleiben ohne Talente und Nachwuchs. Man mag sagen: Sie reproduzieren sich nicht mehr. Die SPD ist dabei der CDU ein Stück voraus. … Der Exodus der Arbeiter und Unterschichten gefährdet

nun, wie seit Monaten zu beobachten, zumindest die Mehrheitsfähigkeit, aber mehr noch: die Stabilität und Identität der Sozialdemokratie. In einer gewissen Weise implodiert die Partei. ... auch in der CDU/CSU werden in den nächsten Jahren die Traditionskerne mächtig bröckeln, die Stammwählerschaft massiv zerbröseln. ... Insofern könnte die sozialdemokratische Implosion bald eine christdemokratische Parallele finden. ... Wahrscheinlich liegt hier der Kern der Krise von Politik und Parteien in Deutschland (und etlichen anderen Demokratien ebenso): die Sicherheit von Sinn und Ziel, die den politischen Alternativen früher kontrastscharf zu Grunde lag, ist verloren gegangen. Doch Sinn ist neben dem Drang nach Macht der primäre Treibstoff für den politischen Einsatz. Sinn ist die elementare Ressource für Engagement, Anstrengung, Leistung, Altruismus, Leidensfähigkeit, Solidarität, Ehrgeiz, Kreativität. ..."[45]

Auch mit Blick auf Reformen der Parteien ist eine Analyse der sozialen Zusammensetzung der Mitgliedschaft wichtig. Hierzu hat die Bundeszentrale für politische Bildung Zahlen von 2022 veröffentlicht. Hier ein Blick auf die SPD (in Prozent) – Alter bis 40 Jahre (19), ab 60 (55). Bildung/Abitur und Hochschulabschluss (54), Mittlere Reife, Hauptschule oder ohne Abschluss (45). Gewerkschaftsmitgliedschaft (35). Aktuelle oder ehemalige berufliche Stellung: Arbeiter (16), Angestellte (29), Beamte und Angestellte im öffentlichen Dienst (44), Selbständige und freie Berufe (11).[46]

Wenn 44 Prozent der Mitglieder im öffentlichen Dienst beschäftigt sind oder waren, stellt sich die Frage, ob sich die SPD von der Volkspartei zu einer Staatspartei entwickelt. Der Anteil der Mitglieder mit Beschäftigung im öffentlichen Dienst ist auch in anderen Parteien hoch, zum Beispiel bei CDU (30) und den Grünen (44).

„Die nachlassende Repräsentativität der Parteien spiegelt sich in der sozialstrukturellen Zusammensetzung ihrer Mitglieder. Die rückläufige Mitgliederentwicklung hat dazu geführt, dass die Parteien immer weniger in der Lage sind, den Bevölkerungsquerschnitt in ihrer eigenen Organisation abzubilden. Dieses Problem trifft gerade die Volksparteien, die ja umfassenden Repräsentationsanspruch erheben. ... Mehr denn je sind es ganz bestimmte soziale Gruppen, die sich in den politischen Parteien engagieren, während andere außen vor bleiben."[47]

Auch Politiker wie der Vorsitzende des CDU-Sozialflügels und NRW-Arbeitsminister, Karl-Josef Laumann, sehen das Problem einer zunehmenden Entfremdung der Wähler von den politischen Parteien:

„Wir spiegeln natürlich in der politischen Repräsentanz von Abgeordneten, von Führungspersonal in der Bevölkerung nicht mehr die soziologischen Schichten unserer Bevölkerung ab. ... Und das hat auf Dauer auch Konsequenzen für die Akzeptanz vom gesamten Politiksystem bis hin zur parlamentarisch repräsentativen Demokratie. ... Wenn heute fast ein Viertel der Abgeordneten Juristen sind, dann hat das nichts mehr mit der Frage zu tun, wie sich die Bevölkerung zusammensetzt".[48]

Der Politikbetrieb müsse mehr darauf achten, dass sich die politische Mannschaft aus der Gesamtbevölkerung zusammensetze.

Mielke und Ruhose sehen selbsterzeugte Ursachen der SPD-Krise darin, dass ihre Führungselite durch Selektionsmechanismen bei der Mitgliederrekrutierung und der Kandidatenauswahl immer mehr zu Akademisierung und Verbürgerlichung tendiert und in zunehmendem Maße nur noch bestimmte Bevölkerungsteile mit ähnlichem Profil und ähnlichen Interessen repräsentiert.[49]

Wahlergebnisse und Repräsentativität

Das Ergebnis der Landtagswahl an der Saar im März 2022 wurde von den Medien als großer Erfolg der SPD herausgestellt: „Die SPD ist wieder da. Auch wenn das Ergebnis viel mit den Verhältnissen an der Saar zu tun hat, zeigt sich ein spannender Trend." Laut Landeswahlleiterin erhielt die SPD 43,5 Prozent, die CDU 28,5, die AfD 5,7, die Grünen 4,9, die FDP 4,8 und Sonstige 9,9 von den abgegebenen Stimmen.[50]

Von Bedeutung ist jedoch auch bei dieser Wahl, dass die Wahlbeteiligung im Vergleich zur vorigen Landtagswahl um 8,3 Prozent auf 61,4 Prozent gesunken ist.

Es wurde in den Medien auf eine Erkenntnis verwiesen, die für Reformanstrengungen der SPD von Bedeutung ist: In der Wählergruppe ab 60 Jahre ging jede zweite Stimme an die SPD.

„Wir sehen ein ähnliches Muster wie zuletzt bei anderen Wahlen: Wenn sozialdemokratische Parteien gewinnen, liegt das an älteren Wählerinnen und Wählern", schreibt der Politikwissenschaftler Tarik Abou-Chadi auf Twitter. „Kurzfristig profitieren sie davon, schließlich gehen alte Menschen häufiger wählen – langfristig ist das aber eine Herausforderung".[51]

Bei jüngeren Wählern sind dagegen Grüne und FDP besonders stark, auch das ließ sich zuletzt bei anderen Wahlen beobachten.[52] Bei der Bundestagswahl 2021 waren Grüne und FDP bei unter 30-Jährigen sogar die stärksten Parteien.[53]

Ein vergleichbares Bild zeigte der Ausgang der Landtagswahl in Schleswig-Holstein Anfang Mai 2022.[54] Hier gewann die CDU 43,4, die Grünen 18,3, die SPD 16,0, die FDP 6,4 und der SSW 5,7 Prozent – wieder bei einer geringen Wahlbeteiligung von 60,4 Prozent. Wenn man wie bei der Saarlandwahl auch hier die Ergebnisse der in den Landtag gewählten Parteien den Nichtwählern und den Ergebnissen der Parteien, die nicht in den Landtag einziehen, gegenüberstellt, drängt sich die Frage auf: Welchen Anteil der Wahlberechtigten repräsentieren die im Landtag vertretenen Parteien?

Das Ergebnis der kurz danach stattgefundenen Landtagswahl in NRW Mitte Mai 2022 fand eine überregionale Resonanz. Neben den Prozenten der abgegebenen Stimmen für die Parteien – CDU (35,7), SPD (26,7), Grüne (18,2), FDP (5,9), AfD (5,4), Linke (2,1), Andere (6,1)[55] – stand auch hier die geringe Wahlbeteiligung im Mittelpunkt:

> „Beunruhigend ist die Wahlbeteiligung von nur 56 Prozent. Das ist historisch niedrig und zeichnet das Bild einer angeschlagenen Demokratie. Wenn 44 Prozent der Wähler gar nicht zur Wahl gehen, dann schlummert hier ein Potenzial, das dringend ein Angebot der demokratischen Parteien braucht. Sonst öffnet sich ein Feld für die rechten wie linken Populisten. In den Krisenzeiten, die gewiss noch nicht vorüber sind, ist das eine Gefahr für stabile Verhältnisse."[56]

Ein Leserbriefschreiber hebt hervor:

> „Egal, wie man es dreht, am Ende werden wir selbst bei einer Koalition aus CDU und Grünen eine Regierung haben, zu der sich nur etwa 30 Prozent der wahlberechtigten Bürger des Landes bekannt haben. 70 Prozent haben anders oder überhaupt nicht gewählt."[57]

In der überregionalen Berichterstattung und Kommentierung wird die unzureichende Themensetzung und Kommunikation der SPD als Grund für ihr schlechtes Wahlergebnis herausgestellt:

> „Die Punkte, die die Menschen derzeit am meisten umtrieben, die Inflation und steigende Energiepreise, habe man schlicht nicht adressiert, räumte auch NRW-Spitzenkandidat Kutschaty ein. Klingbeil geht in der Analyse noch einen Schritt weiter: ‚Offenbar führen wir hier in Berlin Debatten, die mit der Lebenswirklichkeit der Leute vor Ort nichts zu tun haben. Wir reden zu viel über Waffenlieferungen und zu wenig über gestiegene Preise.'"[58]

Auch ein Blick auf die Wählerwanderungen bei der NRW-Wahl ist interessant:

„Die Parteien sollten lieber einen Blick auf Wählerwanderung werfen. Bezogen auf die Landtagswahl 2017, haben bei der SPD gleich 310 000 ehemalige Wähler eine regelrechte Massenflucht ins Lager der Nichtwähler angetreten. Beim Wahlsieger CDU waren es 190 000, die nur deshalb nicht ins Gewicht fielen, weil 260 000 Stimmen aus dem FDP-Lager den Verlust mehr als ausgleichen konnten."[59] Und: „Für die bisherigen sogenannten Volksparteien CDU und SPD fällt der Befund des Forsa-Chefs ähnlich düster aus. Ihre Bindekraft schwindet zusehends. Gaben Anfang der 1980er Jahre fast 80 Prozent aller Wahlberechtigten der CDU oder der SPD ihre Stimme waren es in der Wahl am Sonntag nur noch 34,4 Prozent. Das einstige Wählerpotential von CDU und SPD ist somit in vier Jahrzehnten um mehr als die Hälfte geschrumpft."[60]

Schon vor fast zwanzig Jahren wurde berichtet, dass die Wahlbeteiligung gering und die „Fraktion" der Nichtwähler bei den Kommunal- und Landtagswahlen größer sei als die jeweils stärkste Partei. Verwiesen wird darauf, dass damit Desillusionierung von Menschen und Legitimationsschwund von Parteien verbunden seien. Als zentraler Aspekt wird genannt:

„Die Parteien selbst verabschieden sich aktiv von demokratischer Politik. Sie verwandeln sich mehr und mehr in reine Wahlmaschinen, wie auf dem jüngsten Parteitag der Grünen gut beobachtet werden konnte. Es geht kaum mehr um gesellschaftspolitische Diskurse und Vermittlungen komplexer Interessenlagen, sondern um die Bestätigung von Politikeliten. Es handelt sich weniger um die häufig bemühte Politikverdrossenheit, sondern um eine ernste Krise der Repräsentation von schwächeren gesellschaftlichen Interessen."[61]

Fast alle Parteien verlieren Wähler an die AfD:

„Die AfD gräbt den Liberalen von rechts die Wähler ab. Sie ist die eigentliche Siegerin der Wahl. Ihr Spitzenwert macht deutlich, wo sich derzeit die Ängstlichen und Unzufriedenen sammeln. In keinem Fall bei den Linken, sondern auf der äußersten und extremen Rechten. Die Protestwähler nehmen zu und stärken die AfD. ... Die Schwierigkeiten der Union liegen weit tiefer. Sie hat keine Antwort auf den gesellschaftlichen Wandel."[62]

Nach einer Umfrage im Auftrag des WDR hat es im Oktober 2022 in NRW Verschiebungen gegeben: Einerseits habe sich die Stimmung durch den Ukraine-Krieg und die Energiekrise deutlich verschlechtert, auch die Inflation mache 18 Prozent der Befragten Sorge. Jetzt liege die CDU noch bei 32 Prozent, die SPD würde sich von 26,7 auf 23 Prozent verschlechtern, die Grünen würden auf 22 Prozent steigen, die FDP auf 5 Prozent sinken und die AfD würde von 5,4 auf 9 Prozent steigen.[63]

Die SPD im Bund und in NRW

Die SPD erlebt seit Jahren einen Mitglieder- und Wählerschwund – häufig beschrieben und analysiert, meist aber mit Blick auf die Bundesebene. Aber wo verliert die SPD ihre Mitglieder? Sie verliert sie unten, vor Ort! Häufig ein stiller, frustrierter Rückzug. Manchmal auch ein Rückzug mit Ansage und Erklärung. Besonders die vom früheren Bundeskanzler Schröder in seiner Regierungserklärung vom 14. März 2003 verkündete „Agenda 2010" und die in der Folge erlebten und berichteten Erfahrungen mit „Hartz IV" haben viele Mitglieder zum Austritt aus der SPD bewogen.

Susanne Gaschke weist nicht nur auf den Verlust von SPD-Mitgliedern Anfang der 2000er Jahre hin, sondern auch auf einen wesentlichen Unterschied, den der Politikwissenschaftler Franz Walter so beschrieben habe:

> „Anders als zu den Krisenzeiten der Schmidt-Regierung sind es jetzt nicht die Jungen, gerade Anpolitisierten, die gehen, sondern Leute, die länger als 20 Jahre dabei waren. Wir reden über ein wirkliches Abschiednehmen."[64]

Aber viele sind der SPD und ihrer Geschichte auch noch verbunden geblieben. Peter Brandt nennt eine Gruppe von SPD-Mitgliedern, die mit Blick auf Reformen in der SPD zu einer Zielgruppe werden könnte, die mobilisiert werden sollte:

> „In der SPD gibt es z. B. eine große Zahl langjähriger und der Tradition der Partei verbundener Mitglieder, die nie austreten werden, aber längst nicht mehr in den Gliederungen oder anderweitig präsent sind. Spötter sprechen von den unzufriedenen Sozialdemokraten als der größten SPD-Arbeitsgemeinschaft."[65]

2017 und die folgenden Jahre waren Krisenjahre für die SPD: Sie verlor 2017 nicht nur die Landtagswahlen im Saarland, in Schleswig-Holstein und NRW, sondern auch die Bundestagswahl mit 20,5 Prozent. In den bundesweiten Umfragen rutschte sie in den folgenden Jahren bis auf 12 Prozent. Ein Debakel – und das nach einem euphorischen Start mit dem neuen Parteivorsitzenden Martin Schulz, der auf dem Bundesparteitag im März 2017 eine Zustimmung von 100 Prozent der Delegierten erhalten hatte. Schulz rettete sich in Sprüche:

> „Schulz stellt der Basis ‚mehr Macht' in Aussicht. Unter anderem bringt er dafür eine Urwahl des SPD-Vorsitzenden ins Gespräch."[66]

Schon im April 2018 war der SPD-Vorsitzende Schulz Geschichte, seine Nachfolgerin Andrea Nahles wurde mit 66,4 Prozent gewählt – und hatte eine Mitbewerberin, Simone Lange, Oberbürgermeisterin in Flensburg.

„Lange formuliert, was in der SPD viele denken: So kann es nicht weitergehen. Eine Führung, die nicht führt, sondern viel Energie für das Ausfechten von Befindlichkeiten und Machtambitionen verbraucht, ist keine Führung. ... Auch die Sozialdemokraten werden wieder in den Ortsvereinen anfangen müssen, in den Kommunen, in denen sie tüchtige Politiker haben, die wissen, was die Menschen bewegt. ... Die Basis eröffnet die Chance für die SPD, die Krise zu bewältigen. Andrea Nahles sollte Simone Lange zuhören."[67]

Bei der Europawahl im Mai 2019 sackte die SPD gegenüber dem vorigen Ergebnis um 11,7 Prozent auf 15,6 Prozent ab. Schon im Sommer 2019 zeichnete sich das Ende der Amtszeit von Andrea Nahles als Parteivorsitzende ab:

„Die allerschlimmsten Befürchtungen haben sich bewahrheitet: Es geht noch deutlich unter jene 20 Prozent, die der damalige SPD-Vorsitzende und Kanzlerkandidat Martin Schulz bei der Bundestagswahl 2017 geholt hatte. ... Nun muss sie, wenn sie ehrlich mit sich selbst ist, erkennen, dass der reine Personalwechsel keine neue Zustimmung gebracht hat. ... Ein Neustart muss her, ein echter – oder die SPD erledigt sich selbst. ... Die SPD kämpft um ihr Überleben."[68]

Man erinnerte sich wie 1993 an die Mitglieder: Eine neue Doppelspitze wurde durch eine Mitgliederbefragung nach Abschluss einer aufwendigen Kampagne mit vielen Regionalkonferenzen und nach Vorstellung mehrerer Kandidatenpaare bestimmt. Das Ergebnis wurde von einem Parteitag im Dezember 2019 bestätigt: Vorsitzende wurden Norbert Walter-Borjans mit 89,2 Prozent und Saskia Esken mit 75,9 Prozent. Ein Kommentator resümierte skeptisch:

„Was sie tun wollen, um die SPD nach vorne zu bringen? Es gibt ein paar vage Phrasen. Ansonsten dominiert die Frage nach der Zukunft der großen Koalition. ... Der SPD ist ihr Daseinszweck abhandengekommen. Das hat der Mitgliederentscheid schonungslos offengelegt."[69]

Man kann die Verwunderung vieler Bürger nachvollziehen, als die SPD Olaf Scholz als Kanzlerkandidaten für die Bundestagswahl 2021 präsentierte, dem die Mitglieder bei der Befragung zum Parteivorsitz nicht die Mehrheit gegeben hatten. Aber es war diesmal wieder eine Gremienentscheidung.

Beim Ergebnis der Bundestagswahl 2021 lag die SPD vor der Union – aber beide auf einem sehr niedrigen Niveau, das für den Anspruch einer Volkspartei kaum ausreichend sein sollte. Weder das Wahlprogramm noch der Koalitionsvertrag mit den Grünen und der FDP haben das politische Profil der SPD deutlich genug schärfen können. Auch in NRW kam die Krise der SPD nicht überraschend. Seit Ende der 1990er Jahre konnten die Bürger mit dem von Bundeskanzler Schröder und Ministerpräsident Clement verwendeten Schlagwort der „neuen Mitte" und dem Versprechen, Erneuerung und soziale Gerechtigkeit zu verbinden, wenig anfangen.

> „Die Wähler glauben ihnen nicht mehr. Das soziale Gewissen der Republik, als das NRW lange Zeit bezeichnet wurde, hat an Profil verloren. ... Der Kanzler lebt vor, wie er sich die ‚Neue Mitte' auch vorstellt: In edler Kleidung und mit einer Zigarrenkiste auf dem Schreibtisch, für deren Inhalt manche einen Monat lang arbeiten müssten, trifft er nicht den Nerv von Sozialdemokraten des alten Schlages und ebenso wenig den vieler Wähler ohne Parteibuch. ... Die SPD sitzt in der Wählerfalle und weiß nicht, wie sie herauskommen soll."[70]

2017 und die folgenden Jahre waren Krisenjahre auch für die SPD in NRW: Bei der Landtagswahl im Mai 2017 erreichte die SPD 31,2 Prozent, ein Verlust von 7,9 Prozent zur vorigen Wahl. Bei der Bundestagswahl im September 2017 erreichte die SPD in NRW nur 26 Prozent, ein Verlust von 5,9 Prozent zur Wahl davor.

Nach dem Schock der doppelten Niederlage 2017 sollte alles wieder besser und vor allem bei der personellen Neuaufstellung transparenter laufen:

> „Ganz demokratisch und transparent sollte es zugehen. Deshalb hatte Übergangsparteichef Michael Groschek die Suche nach dem neuen Parteichef in die Hände einer Findungskommission gelegt. Doch bevor diese zum ersten Mal tagte, war Grosheks Vorschlag für den Vorsitz – der NRW-weit bisher eher weniger in Erscheinung getretene Rhein-Sieg-Bundestagsabgeordnete Sebastian Hartmann – schon publik geworden."[71]

Bei der Wahl des neuen Fraktionsvorsitzenden im Landtag setzte sich der bisherige stellvertretende Vorsitzende und frühere Justizminister, Thomas Kutschaty, gegen den Personalvorschlag des alten Führungsduos der Landes-SPD durch.

> „Das ist nichts weniger als eine Sensation. Es zeigt, wie groß der Unmut in der Partei inzwischen ist, dass mächtige Männer ... über lange Jahre die Geschicke der Partei bestimmt haben und nicht bereit sind, aus Wahlniederlagen Konsequenzen zu ziehen. Die

Fraktion hat nicht nur gegen einen Kandidaten rebelliert, sondern gegen ein ganzes System."[72]

Schon früh hatte sich Widerstand bemerkbar gemacht:

„Doch in Partei und Fraktion wächst der Widerstand gegen die Art und Weise, wie Landeschef Michael Groschek und Fraktionsvorsitzender Norbert Römer Fakten schaffen wollen: Zunehmend autoritär und an der Personalkommission vorbei, die eigentlich die Vorauswahl treffen sollte. ... ‚Wir erleben die alte Kungelei', sagte ein hochrangiges Parteimitglied."[73]

Thomas Leif sah schon vor vielen Jahren ein zentrales strukturelles Problem der Parteien, das auch 2018 bei der NRW-SPD zu erkennen war:

„Die Parteispitzen haben sich in einer Wagenburgmentalität eingerichtet. Der Grund: Kleine Gruppen der politisch Mächtigen in den Parteien können ohne spürbare Nachteile weitermachen wie bisher. ... Es wächst eine graue, sinnentleerte Funktionärskultur heran, angetrieben von hektischer, tagesgetriebener Symbolpolitik und der Orientierung auf die politische Agenda der Medien."[74]

Der Prozess des angeblichen „personellen Neubeginns" der NRW-SPD im Frühjahr 2018 lieferte ein weiteres anschauliches Beispiel.

Der Kandidat für den Landesvorsitz der SPD, Sebastian Hartmann, wurde als Kommunalpolitiker und Bezirksvorsitzender der Mittelrhein-SPD vorgestellt, der seit 2013 über die Landesliste in den Bundestag eingezogen war. Nach einem abgebrochenen Jurastudium habe er u. a. für eine Bundestagsabgeordnete und einen Europaabgeordneten gearbeitet.[75] Hartmann wurde auf dem Landesparteitag im Juni 2018 mit rund 80 Prozent zum Landesvorsitzenden gewählt.

Die frühere Landesvorsitzende Hannelore Kraft nahm nicht am Parteitag teil. Viele Sozialdemokraten konnten sich wahrscheinlich dem Kommentar von Bernd Eyermann anschließen:

„Einen echten Aufbruch hat die SPD allerdings nicht hinbekommen. Eine Findungskommission zu gründen und dann mit einem fertigen Personalpaket an die Öffentlichkeit zu gehen, ist nicht transparent. ... Einen Wettbewerb unter zwei, drei oder vier fähigen Sozialdemokraten auszurufen, die um das bessere Personalangebot fair streiten, das wäre Teil eines Aufbruchs gewesen – und hätte auch nicht länger gedauert."[76]

Die Wahlniederlagen blieben der NRW-SPD erhalten: Bei der Wahl zum Europäischen Parlament im Mai 2019 erreichte die SPD in NRW 19,2 Prozent, 14,5 Prozent weniger als bei der Wahl davor, und bei der Kommunalwahl im

September 2020 24,3 Prozent, ein Minus von 7,1 Prozent zur Wahl davor. Die NRW-SPD kam nicht zur Ruhe, Spannungen zwischen dem Landes- und dem Fraktionsvorsitzenden wurden deutlicher – eine Schlagzeile:

„Machtkampf in der NRW-SPD. Nach der verlorenen Kommunalwahl wächst der Druck auf Landeschef Sebastian Hartmann"[77]

Im Oktober 2020 zeichnete sich eine Klärung ab: Thomas Kutschaty erklärte seine Bereitschaft, auch für den Landesvorsitz der SPD zu kandidieren – mit Blick auf die Landtagswahl 2022 eine konsequente und wichtige Entscheidung. Der Kommentar zur Entwicklung:

„Die kommende Landtagswahl ist vielleicht die letzte Chance für die Sozialdemokraten, ihre Position in NRW einigermaßen zu sichern. ... Hartmann ist angreifbar. Schon seine Wahl nach dem Ende der Ära Kraft war für viele eine Überraschung. Als Bundestagsabgeordneter hat er keine enge Verbindung zur Landespolitik. Ihm ist es nicht gelungen, Strahlkraft über einen engen Zirkel hinaus zu entwickeln."[78]

Vielleicht als Ergebnis einer Zahl von Hintergrundgesprächen entschied sich Hartmann im Januar 2021, nicht mehr für den Landesvorsitz zu kandidieren. Er entschied sich, im Bundestag zu bleiben und konnte wohl mit einer Zusage für einen sicheren Listenplatz rechnen. Und so kam es: Er bekam Listenplatz 3 der Landesliste der NRW-SPD für die Bundestagswahl 2021, der ihm den Wiedereinzug in den Bundestag sicherte. Er erhielt 71,2 Prozent der Delegiertenstimmen, während die meisten Listenbewerber um die 90 Prozent erhielten – auch das war ein Signal.[79]

Irritiert werden Leser die Selbsteinschätzung von Hartmann in einem Interview gelesen haben:

„Ich habe den Landesvorsitz gern ausgeübt und die Partei in dieser Zeit auch geprägt."[80]

Man könnte es auch so interpretieren: Er konnte der Krise der SPD in NRW ein Gesicht geben – in nur einer Amtszeit als Landesvorsitzender! Seine Interview-Aussage macht die Distanz zwischen Berufspolitikern und Parteimitgliedern wie Bürgern deutlich. Eine solche Selbsteinschätzung kann sich schnell als Selbstüberschätzung herausstellen.

Auch das Ergebnis der Landtagswahl im Mai 2022 war für die SPD in NRW eine herbe Enttäuschung, besonders die mangelnde Mobilisierung der Wähler in ihren früheren Hochburgen:

„Vor allem in den traditionell von der SPD dominierten Gebieten war die Wahlbeteiligung extrem gering. Schlusslicht ist der Wahlkreis Duisburg III, wo lediglich 38,1 Prozent der Wahlbeteiligten zur Wahl gingen. Ähnlich sieht es in Gelsenkirchen II (43,6 Prozent) und Wuppertal I (45,4 Prozent) aus."[81]

Gerade vor dem Hintergrund der Probleme der CDU mit ihrer Umweltministerin, die zurücktreten musste, mit dem Abgang des früheren Ministerpräsidenten Laschet oder auch angesichts der nachhaltigen Kritik an der Politik und Arbeit der Bildungsministerin der FDP bleibt es erstaunlich, dass der SPD nicht eine stärkere Mobilisierung der Wähler gelungen ist.

Die SPD erreichte mit 26,7 Prozent ihr schlechtestes Ergebnis in NRW. Die Auseinandersetzungen in Landtagsfraktion und Partei setzten sich fort. Ende März 2023 trat Thomas Kutschaty vom Landesvorsitz zurück. Sein früherer Konkurrent bei der vorigen Wahl des Fraktionsvorsitzenden, Marc Herter, wurde vom Landesvorstand zum Übergangsvorsitzenden bestimmt bis zum Landesparteitag im August 2023. Aus einer Umfrage wird berichtet:

„Fast ein Drittel (31 Prozent) der Befragten ist der Ansicht, dass die SPD nach Kutschatys Rücktritt weiter an Vertrauen verlieren wird, im Ruhrgebiet sind es sogar 36 Prozent. Selbst unter den SPD-Anhängern erwartet nur eine Minderheit von 30 Prozent, dass die Sozialdemokraten jetzt wieder mehr Vertrauen gewinnen. 40 Prozent glauben hingegen, dass Kutschatys Rücktritt keinen Einfluss auf das Vertrauen in die SPD haben wird. Den Vertrauensverlust führen die Befragten vor allem darauf zurück, dass die SPD den Kontakt zu den Menschen verloren habe. Zudem hat die Partei nach Meinung vieler Wahlberechtigter die Verankerung in der Wählerschaft vor Ort weitgehend verloren. Nur ein Bruchteil der 1005 Befragten konnten einen SPD-Politiker oder eine Politikerin nennen, dem oder der sie den Parteivorsitz zutrauen."[82]

Mit Blick auf Umfragewerte für die SPD in NRW fasst Ralf Kubbernuß in seinem Kommentar zusammen:

„Ein schlechteres Zeugnis können potenzielle Wählerinnen und Wähler einer Partei kaum ausstellen: Inhaltlich habe sich die SPD zu weit von den Menschen in NRW und ihren Belangen entfernt, stehe nicht mehr für traditionelle sozialdemokratische Werte, habe sich zu stark um Minderheiten gekümmert. Inhaltlich fehlte es der NRW-SPD zuletzt an eigenem Profil. ... Bitter ist die Lage auch für jene Genossinnen und Genossen, die in Ortsvereinen, Ratsfraktionen oder am Marktstand sozialdemokratische Basisarbeit leisten, Nähe zu Bürgerinnen und Bürgern suchen, mit ihnen über das diskutieren, was sie bewegt. Ihnen sollte die Landes-SPD zuhören. Denn wenn man am Boden liegt und aufstehen will, ist man gut beraten, ganz unten anzusetzen."[83]

Schließlich folgte Ende Mai 2023 der Wechsel an der Spitze der Landtagsfraktion. Der Kölner Landtagsabgeordnete Jochen Ott, bisher stellvertretender Fraktionsvorsitzender, wurde zum Vorsitzenden gewählt. Er hatte zwei Mitbewerber. Damit hat sich die Fraktion für den ehemaligen Hoffnungsträger der Kölner SPD entschieden, der dort schon gescheitert war. Ott erhielt bei der Landtagswahl 2022 in seinem Kölner Wahlkreis 25,9 Prozent der Erststimmen und 23,1 Prozent der Zweitstimmen. Seine Vorgängerin im Wahlkreis hatte 2017 32,9 bzw. 29,7 Prozent erreicht.

Beim „NRW-Check", einer Umfrage im Auftrag großer Zeitungen in NRW, erreichte die SPD nur 21 Prozent.

> „Über die SPD als größte Oppositionspartei äußern sich fast zwei Drittel der Befragten (60 Prozent) unzufrieden. Nur jeder Fünfte (19 Prozent) beurteilt die Arbeit der Sozialdemokraten im Düsseldorfer Landtag positiv. Einzig die eigenen Anhänger fallen aus diesem Gesamtbild heraus mit einem Anteil an Zufriedenen von 62 Prozent. Allerdings bewertet ein Drittel (33 Prozent) der SPD-Anhänger die Arbeit ihrer Partei als nicht zufriedenstellend."[84]

Es fällt auch auf, dass in den Kommentaren der großen Zeitungen im Rheinland zum „NRW-Check", Bonner General-Anzeiger, Kölner Stadt-Anzeiger, Kölnische Rundschau, die SPD gar nicht erwähnt wird. Bernd Eyermann kommentiert zum „NRW-Check": „Es zeigt aber, dass die Bürger sehr sensibel reagieren auf politische Fehler oder auch nur Missgeschicke. Ein alarmierendes Zeichen für die Demokratie ist, dass inzwischen mehr als die Hälfte der Befragten keiner Partei zutrauen, mit den Problemen des Landes fertig zu werden."[85] In der Süddeutschen Zeitung war zu lesen:

> „Spätestens seit dem Rücktritt von Thomas Kutschaty als Partei- und Fraktionschef im Frühjahr gilt NRW mehr als Krisenherd denn als Herzkammer der Sozialdemokratie. In Umfragen kommt sie dort nur noch auf Werte von 21 bis 22 Prozent."[86]

Eine Doppelspitze soll künftig die SPD führen.[87] Der SPD-Landesparteitag in NRW hat Ende August unter dem Motto „Die neue SPD im Westen" stattgefunden.[88] Als Vorsitzende wurden der Bundestagsabgeordnete Achim Post und die Landtagsabgeordnete Sarah Philipp und zum Generalsekretär der Landtagsabgeordnete Frederick Cordes gewählt.

Das programmatische Profil der SPD

Mit der Regierungserklärung von Bundeskanzler Schröder am 14.3.2003 und der Verkündung der „Agenda 2010" wurde weitgehend das gesellschaftspolitische Profil der SPD beschädigt. Der Bundesparteitag im Dezember 2019 hat nun Fehler eingeräumt und mit dem einstimmig gefassten Beschluss „Ein neuer Sozialstaat für eine neue Zeit" die Position der SPD neu bestimmt. Angesichts von prekären Bedingungen, unter denen viele Menschen arbeiten und Mieter wohnen, bietet dieser Text eine wichtige Orientierung. Heribert Prantl unterstrich die Bedeutung des neuen Sozialstaats-Beschlusses:

> „Auf ihrem Parteitag hat die SPD gewagt, was man ihr nicht mehr zugetraut hatte: Sie hat eines ihrer besten Papiere seit dem Godesberger Programm von 1959 beschlossen. Das gibt Hoffnung. … Das Unerträgliche: Immer mehr Arbeiten werden an Leiharbeitsfirmen und rechtlich Selbständige ausgelagert. Das bedeutet: Die alte Solidarität, die zu den Kernwörtern der Sozialdemokratie gehört, muss neu konkretisiert werden. Der Beschluss Nummer 3 versucht das – inklusive der Solidarität mit den Kindern und mit den Alten. Die SPD webt ein Band, welches das Leben umspannt. Das ist spannend, das verdient Aufmerksamkeit."[89]

Ein zentrales Ziel der SPD ist der längere Bezug des ALG I in Abhängigkeit von der Beschäftigungsdauer und Lebensleistung und damit eine Korrektur der harten „Hartz IV"-Gesetze. Inzwischen hat die Bundesregierung das neue Bürgergeld eingeführt. Eine Leistungsverlängerung konnte von der SPD in der Ampelkoalition leider nicht durchgesetzt werden. Aber es wurde eine erhebliche Ausweitung der Förderung von Qualifizierung beschlossen.

Auch das Wahlprogramm für die Bundestagswahl 2021 „Für Dich – Das Zukunftsprogramm der SPD" signalisiert: Wir haben verstanden. Von der Erhöhung des Mindestlohns über die Einführung des Bürgergeldes, Ausweitung der Tarifbindung, Finanztransaktionssteuer bis zur Reform der Erbschaftssteuer waren viele wichtige Vorhaben enthalten.[90] In den Koalitionsvertrag „Mehr Fortschritt wagen – Bündnis für Freiheit, Gerechtigkeit und Nachhaltigkeit" konnten 2021 wichtige Forderungen aufgenommen – und auch zum Teil schon umgesetzt werden: Zum Beispiel eine deutliche Erhöhung des Mindestlohnes 2022 auf 12 Euro.[91]

Für die Wiedergewinnung des politischen Profils der SPD wären noch weitere Schritte wichtig. Die SPD sollte sich an den Schlussfolgerungen orientieren, die eine von der Parteiführung in Auftrag gegebene Analyse des Wahlergebnisses 2017 gezogen hat:

„Regierungspolitik und Verwaltungen müssen die Lebensrealität der WählerInnen anerkennen und materiell und immateriell Hilfestellung zu geben versuchen. WählerInnen müssen wieder den Eindruck bekommen, dass Politik für sie arbeitet und staatliche Institutionen ihnen das Leben nicht zusätzlich erschweren. Allerdings: Gute Inhalte und gelobte Besserung allein überzeugen nicht, das Defizit ist grundsätzlicher. Die SPD wird sich neues Vertrauen nur erarbeiten können, wenn sie zu erkennen gibt: Wir haben verstanden. Wir sehen eure Herausforderungen. Dazu gehört – ganz jenseits der Agenda-Debatte – das unverstellte Bekenntnis, in den Schröder-, Müntefering- und Steinbrück-Jahren eine Reihe von Fehlentscheidungen mitverantwortet zu haben. … Die SPD muss das Thema Gerechtigkeit wieder auf die Tagesordnung setzen. Und es selbstbewusster als in den letzten Jahren begründen und durchdeklinieren. Dazu gehören die Verteilungsfrage, die Absicherung der großen Lebensrisiken, die unterstützende Funktion des Staates, die Mieten oder auch das Stadt-Land-Gefälle. Darüber hinaus muss sich die Partei aufmerksamer und intensiver als bisher den Dienstleistungsberufen zuwenden. Vor allem dort ist das Armutsrisiko zuhause."[92]

Diese Agenda kann auch als Forderung nach einer Resozialdemokratisierung der SPD verstanden werden. Auch die Autoren der 2023 erschienenen Studie der Friedrich-Ebert-Stiftung „Demokratievertrauen in Krisenzeiten" schließen sich der Forderung an, stärker für Verteilungsgerechtigkeit einzutreten. Sie warnen,

„das Auseinanderdriften der Gesellschaft in sozioökonomischer und -kultureller Hinsicht nicht auf die leichte Schulter zu nehmen. Es sind vor allem die sozial benachteiligten, bildungs- und einkommensschwächeren Gruppen, die aufgrund ihrer Unzufriedenheit anfällig sind für populistische und extremistische Verführer_innen. Diese tummeln sich vor allem am rechten Rand und fordern die liberale und pluralistische Demokratie durch ihre autoritären Gegenvorstellungen grundsätzlich heraus. Für mehr Verteilungsgerechtigkeit zu sorgen bleibt deshalb das Gebot der Stunde. Die Befragungsergebnisse zeigen, dass entsprechende Maßnahmen nicht nur von denjenigen unterstützt werden, die davon selbst am meisten profitieren würden, sondern bis weit in das besser situierte und verdienende obere Drittel der Gesellschaft hinein."[93]

Zu diesen Themen sollte die SPD auch vor Ort politische Diskurse mit den Bürgern anstoßen, Orientierungen erarbeiten und vermitteln. PR-Veranstaltungen, große Zukunftsforen, Debattencamps etc. helfen sicher, eine breite Öffentlichkeit über die Medien zu erreichen. Eine nachhaltigere Wirkung würde durch politische Diskurse vor Ort erreicht. Wichtig wären Initiativen in Schulen oder ein Meinungsaustausch von Bürgern mit Abgeordneten. Die

Wahlprogramme und auch die Probleme der Umsetzung müssen offensiver im Austausch kommuniziert werden. Sonst finden die Parteien vor Ort und in den Regionen kaum Vertrauen – weder bei den Mitgliedern noch bei den Wählern.

Warum erreichen die Angebote und Erfolge der SPD nicht die Bürger und finden bei ihnen keine entsprechende Anerkennung?

Erstens sind Beschlüsse und Programme zu umfangreich und nicht einfach zu verstehen. Ziele wie auch die Rahmenbedingungen und Hemmnisse bei ihrer Umsetzung müssen für die Bürger besser, verständlicher kommuniziert werden, um den Bürgern ein politisches Profil zu vermitteln, dass ihnen auch in Krisenzeiten Orientierung gibt.

Zweitens gibt es von der SPD keine zielgerichteten Initiativen zu zentralen Themen wie zum Beispiel zur Kindergrundsicherung.

Drittens: Bürger fühlen sich von politischen Entscheidungen in ihrer materiellen Lage bedroht, durch Straßenbaubeiträge in den jeweiligen Bundesländern oder aktuell durch das geplante Gebäudeenergiegesetz bzw. Heizungsgesetz des Bundes.

Viertens: Bürger haben trotz der programmatischen Versprechen der Politiker zu mehr Gerechtigkeit den Eindruck, dass „die oben" besser bedient werden. Ein Handwerker nannte mir im Sommer 2023 als Beispiel, dass der Mindestlohn pro Stunde um 41 Cent erhöht würde, aber Bundesminister einen Inflationsausgleich von 3000 Euro anstrebten.

Seit dem Frühjahr 2022 steht der Krieg Russlands gegen die Ukraine im Zentrum der Berichterstattung und der öffentlichen Debatte. Die schrecklichen Bilder aus der Ukraine, die Flüchtlingswelle lassen eine verständliche Empörungswelle anschwellen, von der angetrieben auch Journalisten und Politiker sich mit Forderungen überbieten, welche Sanktionen gegen Russland ergriffen und verschärft werden müssen und welche Waffen an die Ukraine sofort geliefert werden sollten.

Immer mehr schwere Waffen werden jetzt geliefert. Aktuell können sich wahrscheinlich wieder viele Beratungsfirmen und Waffenlieferanten auf viele Aufträge des Bundesverteidigungsministeriums freuen, auch in anderen Ländern.

Hoffnung macht jedoch die zurückhaltende Haltung des Bundeskanzlers gegenüber den Forderungen nach immer mehr Maßnahmen gegen Russland, ob durch schärfere Sanktionen oder mehr Waffenlieferungen, die auch eine Ausweitung des Krieges auf weitere europäische Staaten, auch NATO-Staaten, bedeuten könnten. Weitgehend ausgeblendet bleiben politische und diplomatische Initiativen, zunächst zu einem Waffenstillstand. Eine der wenige Ausnahmen stellten Vorschläge und Forderungen des ehemaligen amerikanischen Außenministers Henry Kissinger dar, die er während des Weltwirtschaftsforums in Davos im Frühjahr 2023 einbrachte: „Ich glaube daran, dass ein Ende der Kämpfe möglich ist, wenn die Vorkriegslinie erreicht ist",[94] sagte Kissinger bei einer Videoschalte nach Davos zum Weltwirtschaftsforum. Er meinte damit den Frontverlauf entlang der 2014 von Russland annektierten Krim und der von prorussischen Separatisten kontrollierten Gebiete in Donezk und Luhansk. Entlang dieser Linien im Donbass solle, so Kissinger, die Front eingefroren werden. Auf der Basis sei es dann möglich, einen Waffenstillstand zu vereinbaren. Anschließend könne man beginnen, mit Russland über „die Lösung des Konflikts" zu sprechen, wobei die Linie im Donbass nicht automatisch das Ergebnis der folgenden Friedensverhandlungen sein müsse. „Ich bin überzeugt, dass man eine Eskalation des Krieges so verhindert. Wir müssen verhindern, dass der Krieg zu einem Krieg gegen Russland selbst wird", so Kissinger. Moskau müsse die Perspektive gegeben werden, wieder Teil des internationalen Systems zu werden.

Mit der Regierungserklärung von Bundeskanzler Scholz am 27.2.2022 und der Verkündung der „Zeitenwende" im Zusammenhang mit dem Krieg in der Ukraine wurde weitgehend das friedenspolitische Profil der SPD geschwächt – ohne ausreichende, vermittelbare Begründung und Perspektive. Die Entscheidung wurde als alternativlos gerechtfertigt – eine Bezeichnung, die die frühere Bundeskanzlerin Merkel in kritischen Situationen auch häufig verwendet hat. Erst Ende 2023 soll ein Konzept für eine neue Russlandpolitik vorgestellt werden.

Bei den von vielen Menschen erfahrenen Problemen gibt es keine „Zeitenwende", sondern eine sich verschärfende Kontinuität der Probleme – Armut, ansteigende Inflation, eine Krise in der Umwelt-, Bildungs- und Industriepolitik, große Herausforderungen in der Europa-, Außen- und Friedenspolitik.

Engagement neben und in Parteien

Wir erleben heute neue Entwicklungen: Außerhalb des Parteiensystems entstehen Initiativen, politische Gruppierungen und Bewegungen, die sich zeitweise auch zu politischen Protestwellen entwickeln und die Parteien öffentlichkeitswirksam unter Druck setzen – Unterstützer für Flüchtlinge, Aktivisten für Klimaschutz, für Umwelt, aber auch Impfgegner, Pegida, Querdenker, Reichsbürger gehen auf die Straße, aber ohne bisher *in* den Parteien nennenswerten direkten Einfluss zu nehmen oder dies als Option wahr- und anzunehmen. Man könnte auch vom Entstehen einer neuen außerparlamentarischen Opposition (APO) sprechen – aber mit einem aufgeteilten, sehr breiten politischen Spektrum. „Querdenker" sind zum Beispiel in ihrer Vielfalt aus Linken, Friedensbewegten, Esoterikern und christlichen Fundamentalisten bis hin zu Rechtsextremen und Reichsbürgern politisch nicht einzuordnen – aber sie eint die Ablehnung der herrschenden Verhältnisse.[95] Manche Parteien versuchen ihr Glück mit dem Andocken an den entsprechenden „Wellen" – bisher noch mit offenen Erfolgsaussichten.

Wilhelm Hofmeister weist mit Blick auf diese Initiativen und Proteste auf einen Auftrag der Parteien hin:

> „Die Parteien müssen der Zivilgesellschaft eine besondere Aufmerksamkeit schenken. Dafür gibt es drei Gründe: Erstens repräsentieren ihre Vertreter wichtige gesellschaftliche Interessen, welche die Parteien kennen müssen. Zweitens versuchen sie, Einfluss auf die Parteien auszuüben, damit diese ihre Anliegen aufgreifen und auf der politischen Bühne vertreten – wobei die Parteien aber auch wissen müssen, wie sie mit solchen Versuchen der Einflussnahme umgehen sollen. Drittens ergänzen manche dieser Organisationen die Rolle von Parteien beim Einsatz für die Demokratie – und einige meinen sogar, sie könnten die Parteien ersetzen."[96]

Politiker und Parteien versuchen auch, sich einem erkannten *mainstream* anzupassen, quasi auch auf einer Welle der Aufmerksamkeit und des Zuspruchs vieler Bürger zu treiben. Demonstrationen und Proteste werden hin und wieder von kleinen Gruppierungen genutzt, um radikale Phantasien umsetzen zu können, Kritik an und Unzufriedenheit mit politischen Entscheidungen zu einer zunehmenden Ablehnung des „Systems" zu verdichten. Die dadurch zunehmende Zahl der „Wutbürger" muss angesprochen, muss motiviert werden, sich mit Argumenten auseinanderzusetzen, damit sie sich als

„Mutbürger" mit ihrer Kritik bemerkbar machen und von außen oder innen Einfluss auf Parteien nehmen können.

Nicht nur der große und lang andauernde Einsatz von sehr vielen Bürgern zur Unterstützung der von den Überschwemmungskatastrophen vor allem an Ahr und Erft Betroffenen im Sommer 2021, auch die breite Unterstützung von Flüchtlingen aus der Ukraine 2022 zeigt aktuell eine große Bereitschaft, sich ehrenamtlich zu engagieren. Ein solches Engagement findet, wie auch ich es vor Ort erlebt habe, weitgehend neben den Parteien statt. Parteien werden weniger als Ansprechpartner oder als Organisationen angesehen, über die oder mit denen das eigene Engagement, eigene Ziele umgesetzt werden könnten.

So habe ich manche meiner Mitstreiter in Erinnerung, die sich zur Unterstützung von Flüchtlingen und Migranten besonders ab Sommer 2015 vor Ort in unserem Stadtteil in großer Zahl verlässlich und über einen langen Zeitraum einbrachten. Seit 2022 stehen wir vor einer neuen großen Herausforderung – dem Krieg in der Ukraine und seinen Folgen, auch für uns. Eine Million Flüchtlinge sind zusätzlich zu uns gekommen. Und wieder scheinen die öffentlichen Verwaltungen überfordert – von der EU über den Bund bis zu den Kommunen.

Die ehrenamtlich engagierten Bürger haben durch ihre lange Tätigkeit in einem breiten Spektrum von Themen und Aufgaben wichtige Kenntnisse und Erfahrungen gewonnen, die sie mit großem Selbstvertrauen und Selbstbewusstsein in die Parteien einbringen könnten.

Auch das auf bestimmte Themen oder Projekte bezogene, zum Teil zeitlich begrenzte ehrenamtliche Engagement ist wichtig: Von Bürgerinitiativen für oder gegen öffentliche Projekte, von Forderungen für oder gegen politische Entscheidungen bis zu Aktionen von Amnesty International. Auch die Demonstrationen zum Klimawandel und zur Unterstützung von unterdrückten Frauen im Iran 2022 stehen für den entschlossenen Willen der Bürger, sich mit Forderungen in die politische Debatte einzubringen.

Demonstrationen, die Organisation von Themenprotesten – für oder gegen etwas – sind in einem demokratischen System eine wichtige Form der Meinungsäußerung, reichen aber nicht aus, um politische Veränderungen zu erreichen.

Initiativen oder politische Protestwellen können öffentliche Aufmerksamkeit erzielen für oder gegen politische Entscheidungen. Sie können auch wirksamen öffentlichen Druck erzeugen gegenüber den Parteien, Parlamenten und Verwaltungen. Die Entscheidungen werden jedoch von Mandatsträgern der Parteien in den Parlamenten getroffen. Bürger sollten ihr Engagement und ihre gewonnenen Erfahrungen sowie auch ihren Protest nicht nur auf die Straße bringen, sondern auch in die Parteien hineintragen.

Die Parteien sind in unserem politischen System die zentralen Akteure mit großem Einfluss auf das gesellschaftliche Leben. Lobbyisten unterschiedlicher Bereiche haben von Beginn an die zentrale Rolle der Parteien und ihrer Vertreter erkannt und meist erfolgreich genutzt. Während Lobbyisten ihre Kontaktmöglichkeiten zu den Parteien zunehmend ausgebaut und professionalisiert haben, zeigen die zum Teil stark rückläufigen Mitgliederzahlen der Parteien, dass die Bürger auf dem Rückzug sind.

Die Parteien haben in unserer parlamentarischen Demokratie eine starke Position, von der kommunalen bis zur Bundesebene. Im Grundgesetz ist festgelegt:

> „Die Parteien wirken bei der politischen Willensbildung des Volkes mit. Ihre Gründung ist frei. Ihre innere Ordnung muss demokratischen Grundsätzen entsprechen. Sie müssen über die Herkunft und Verwendung ihrer Mittel sowie über ihr Vermögen öffentlich Rechenschaft geben."[97]

Das Parteiengesetz bestimmt eingangs die Anforderungen an Aufgaben und Organisation noch konkreter:

> „§ 1 Verfassungsrechtliche Stellung und Aufgaben der Parteien
> (1) Die Parteien sind ein verfassungsrechtlich notwendiger Bestandteil der freiheitlichen demokratischen Grundordnung. Sie erfüllen mit ihrer freien, dauernden Mitwirkung an der politischen Willensbildung des Volkes eine ihnen nach dem Grundgesetz obliegende und von ihm verbürgte öffentliche Aufgabe.
> (2) Die Parteien wirken an der Bildung des politischen Willens des Volkes auf allen Gebieten des öffentlichen Lebens mit, indem sie insbesondere auf die Gestaltung der öffentlichen Meinung Einfluss nehmen, die politische Bildung anregen und vertiefen, die aktive Teilnahme der Bürger am politischen Leben fördern, zur Übernahme öffentlicher Verantwortung befähigte Bürger heranbilden, sich durch Aufstellung von Bewerbern an den Wahlen in Bund, Ländern und Gemeinden beteiligen, auf die politische Entwicklung in Parlament und Regierung Einfluss nehmen, die von ihnen erarbeiteten politischen Ziele in den Prozess der staatlichen Willensbildung einführen und für eine ständige lebendige Verbindung zwischen dem Volk und den Staatsorganen sorgen.
> (3) Die Parteien legen ihre Ziele in politischen Programmen nieder.
> (4) Die Parteien verwenden ihre Mittel ausschließlich für die ihnen nach dem Grundgesetz und diesem Gesetz obliegenden Aufgaben."[98]

Parteien haben aufgrund ihrer auf Dauer angelegten politischen Arbeit größere und wirksamere Handlungsmöglichkeiten als sie spontane Initiativen oder politische Protestwellen besitzen.

„Parteien stehen in der parlamentarischen Demokratie im Zentrum des politischen Willensbildungs- und Entscheidungsprozesses. Die Mitarbeit in Parteien stellt deshalb die potenziell einflussreichste Form der politischen Partizipation dar. ... So wie die Parteien, was die Rekrutierung des politischen Personals betrifft, faktisch ein Monopol besitzen, so bleiben die Mitwirkungsrechte in den Parteien exklusiv an die Mitgliedschaft gebunden."[99]

Interessierten Bürgern, auch vor Ort, aktiv die Gelegenheit zu bieten, sich mit Vorschlägen, Kritik und Forderungen in die Debatten der Parteien einzubringen, wäre ein wichtiger Schritt der Öffnung – und der Förderung der Motivation der Bürger zur Mitarbeit und Mitgliedschaft in Parteien.

5 Zur Rolle der Medien

Wie werden Politik und Politiker heute medial vermittelt? Sicher nicht als vollständiges Bild. Die Medien sind zunehmend die wichtigste Quelle der Bürger auch vor Ort, sich über Politik und Kommunalpolitik zu informieren. Die Öffentlichkeitsarbeit der Parteien bietet weder eine wesentliche Ergänzung noch ein Korrektiv. Politik wird auch auf der Ortsebene immer weniger persönlich erlebt, sondern über die Medien vermittelt – und somit auch die Bilder von Politik, Parteien und Politikern. Das bedeutet, auch die Mitglieder der Parteien erfahren ihre Partei, deren Debatten und inhaltliche Positionierungen zunehmend über die Medienberichterstattung, seltener im direkten Austausch mit anderen Mitgliedern und Mandatsträgern.

Die Parteien gewähren den Mitgliedern und Bürgern vor Ort zunehmend weniger Informationen, Transparenz der politischen Entscheidungsabläufe, Mitbestimmungs- und Beteiligungsmöglichkeiten. Wenn Transparenz und Kontrolle hergestellt wird, dann meist über die Medienöffentlichkeit – häufig mit einer Konzentration auf Personalpolitik und auf personelle Kontroversen.

Ein früher noch vorhandener Informationsvorsprung für Parteimitglieder und eine breitere Beteiligung von Parteimitgliedern an politischen Debatten haben an Bedeutung verloren. Das bedeutet: Politische Meinungs- und Willensbildung findet zunehmend außerhalb der Parteien statt, seltener im Austausch der Parteien mit den Bürgern. Die Parteien kommen der Vorgabe des Grundgesetzes „Die Parteien wirken bei der politischen Willensbildung des Volkes mit" nur noch unzureichend nach.

Das durch die Medien vermittelte Bild wird für die Bürger häufig zum Fakt: So sind Parteien, so sind Politiker.

Die Wirkung und die Wirkmächtigkeit der medial vermittelten Bilder sind umso größer, wenn zum Beispiel von der Bundesebene bis zur regionalen Ebene negative Meldungen zusammenfallen, die aus Sicht der Bürger „irgendwie passen" – in das Bild, das sie schon vorher von Parteien und Politikern gewonnen haben.

Das Beispiel der Mittelrheinregion mit großen Zeitungsverlagen führt auch zu der Frage: Wer garantiert eine faire, objektive Berichterstattung? Warum wird ein bestimmter Vorgang zum Skandal und warum zu einem bestimmten Zeitpunkt? Zeitpunkte und Zusammenhänge öffentlicher Entdeckungen sind von Interesse! Auch das Interesse der Medien an der Skandalisierung von politischem Handeln bedarf der Aufmerksamkeit und kritischen Nachfrage.

Auch das muss hier festgestellt werden: Die politische Berichterstattung insgesamt bildet das politische und parteipolitische Handeln nicht umfassend oder gar vollständig ab – aber sie bestimmt das Bild von Politik und Politikern! Die Arbeit sehr vieler skandalfreier, engagierter, integrer Funktions- und Mandatsträger aller Parteien fließt leider seit langem in dieses Bild nicht mehr angemessen und ausreichend ein.

Manchmal kommen Journalisten zu unterschiedlichen oder ergänzenden Einschätzungen der Politik, der Parteien und ihrer Arbeit, auch schon mal in derselben Zeitung.

Mit Blick auf die Skandale der Kölner Parteien um die Jahrtausendwende, auf die ich im nächsten Kapitel noch eingehen werde, ging Hans Leyendecker in einem Leitartikel der Süddeutschen Zeitung alarmierend streng mit SPD und CDU um, die sich die rheinische Metropole zur Beute gemacht hätten:

„Die Demokratie entartet zur Lobbykratie. Wirtschaftliche Macht ohne Mandat verwandelt sich in politischen Einfluss. Mehr und mehr schrumpft der Staat zur bloßen administrativen Dienstleistungsagentur und von seinen Dienern werden zunehmend Improvisation und Flexibilität verlangt."[100]

Sein Kollege Heribert Prantl sah in einem Leitartikel der Süddeutschen Zeitung ebenfalls das Image der Politiker stark beschädigt, bestritt nicht die Verstrickung von Politikern in Skandalen. Er sah aber auch die Notwendigkeit zur Verteidigung der Politiker gegen ihre Verächter.

„Trotzdem ist es so, dass der Bürger hinlänglich Sicherheit haben soll, dass es in seinem Staat korrekt zugeht. Diese Sicherheit ist weg wegen einer Reihe von Großskandalen, aber auch, weil jeder Kleinkram skandalisiert wird. Es sind deshalb vertrauensbildende Maßnahmen notwendig, die wieder Sicherheit geben: den Wählern, aber auch den Politikern selbst."[101]

Prantl spricht auch das medial vermittelte Bild der SPD kritisch an:

„Man hat es sich angewöhnt, dieser SPD nichts Gutes mehr zuzutrauen, seitdem sie in Wahlergebnissen und Umfragen sinkt und sinkt. Man hat es sich angewöhnt, sie als Bordstein zu behandeln, an den es sich gut pinkeln lässt. Die 150 Jahre alte Partei wurde und wird so beschrieben, als habe sie eine unheilbare Krankheit – die unter anderem dazu führt, dass alles, was immer sie auch macht, falsch ist, ob sie nun nach rechts, nach links oder in die Mitte rückt."[102]

Beide Journalisten treffen die Realität unseres Parteiensystems, wie man es auch als Mitglied einer Partei erleben kann. Es braucht aber die von Prantl angesprochenen vertrauensbildenden Maßnahmen, präventive Maßnahmen und wirksame Sanktionsmöglichkeiten, um das Vertrauen in Politik und Politiker immer wieder zu begründen und zu festigen – auch durch ein stärkeres Engagement der Bürger in Parteien.

Wenn Medien einen so großen Einfluss auf politische Information und Meinungsbildung haben: Warum wird meist nur nach der Legitimation und Verantwortung der handelnden Politiker und weniger nach der der Journalisten und Verleger gefragt? Das heißt: Wir müssen auch kritisch mit der Berichterstattung umgehen! Der zunehmende Einfluss der neuen Medien im Internet unterstreicht noch deutlicher die Bedeutung der Medienkompetenz der Bürger – und die Herausforderung, die Medienkompetenz zu stärken.

Aber keine generelle Medienkritik: Missstände und Ärgernisse, Mauscheleien und Skandale wurden und werden häufig von den Medien und offensichtlich seltener von den parlamentarischen Kontrollgremien aufgedeckt. Auch hier besteht dringender Reformbedarf!

6 Parteien an der Basis

Um die Krise der früheren Volksparteien besser zu verstehen, ist eine Beschreibung der Situation unten, an der lokalen und regionalen Basis der Parteien wichtig. Die sozialwissenschaftliche Parteienforschung sollte die politischen Parteien vor Ort und in den Regionen stärker in den Blick nehmen – für die Analyse, aber auch für die Entwicklung von Konzepten für die Wiederbelebung eines beteiligungsorientierten, demokratischen Parteiensystems in Deutschland und auch in anderen europäischen Ländern. Wilhelm Hofmeister ist zuzustimmen, dass die Präsenz der Parteien in den Städten für die Parteien von großer Bedeutung ist:

„Die Präsenz in den Städten und Gemeinden eines Landes in Form von lokalen Verbänden oder Gruppierungen sowie die Repräsentanz in den örtlichen Parlamenten sind für Parteien von großer Bedeutung. ... Kommunalpolitik ist in einem doppelten Sinn die ‚Wiege der Demokratie‘. Zum einen hat die Demokratie ihren Ausgangspunkt in der lokalen Gemeinschaft, der Stadt. ... Kommunalpolitik ist aber auch deshalb die ‚Wiege der Demokratie‘, weil viele Politiker ihre ersten politischen Gehversuche in der Kommunalpolitik machen."[103]

Heute jedoch verlieren die Parteien, vor allem SPD und CDU, immer mehr ihre Basis vor Ort.

„Ein stabiler Unterbau in der Kommunalpolitik, auf Stadt- und Gemeindeebene ist nur in Resten vorhanden. Entsprechend schwer tun sich alle, Nachwuchs für verantwortliche Aufgaben in Politik und Staatswesen zu rekrutieren."[104]

Erwin K. Scheuch, ein eher konservativer Soziologe, stellte 1992 in einem zusammen mit seiner Frau verfassten Buch vor dem Hintergrund seiner Erfahrungen mit der Politik und Politikern in Köln fest:

„Die Art der Berichte lenkte dann aber unsere Aufmerksamkeit auf die Lokalpolitik; denn hier wurden die Details handfester. Dabei kamen wir zu dem Schluss: Es genügt nicht, die allgemeinen Strukturen herauszuarbeiten; da schüttelt man in der ‚politischen Klasse‘ nur die Schultern und klüngelt weiter. Wir müssen Ort, Zeit und Beträge nennen, um vielleicht Änderungen zu bewirken."[105]

Der persönliche Kontakt mit Parteimitgliedern spielt eine immer geringere Rolle, bedingt durch die stark rückläufigen Mitgliederzahlen. Die ehemals starke gesellschaftliche Bindekraft der SPD, die Präsenz und das Engagement ihrer Mitglieder in Gewerkschaften, Vereinen und Verbänden, in der Stadtgesellschaft, ihre gesellschaftliche Verwurzelung haben in den letzten Jahrzehnten kontinuierlich abgenommen. Wie andere Parteien hat sich auch die SPD auf kommunaler Ebene stärker zur Rathauspartei oder Kreishauspartei entwickelt. Ihre Einbindung in die jeweilige kommunale Gesellschaft und Stadtgesellschaft hat abgenommen.

Durch die abnehmende Präsenz vor Ort – abgesehen von Info-Ständen in Wahlkämpfen – besteht eine geringere Chance, vertrauensbildende politische Profile vor Ort zu entwickeln. Bedauert wird hier meist auf der Bundesebene nur die Einschränkung der Kampagnenfähigkeit: Es gibt zu wenige Mitglieder, die noch Plakate aufhängen können oder wollen. Dank zunehmender öffentlicher Parteienfinanzierung können diese Aufgaben zunehmend „Profis" gegen Bezahlung übertragen werden.

Die Mitgliederzahl meines aktuellen SPD-Ortsvereins ist seit den 1980er Jahren von knapp 600 auf rund 260 gesunken. Auch die Zusammensetzung der verbleibenden Mitglieder, zum Beispiel nach Alter, Ausbildung und beruflicher Erfahrung, änderte sich. Die Bereitschaft zum Engagement veränderte sich. Häufig waren und sind es früher engagierte Mitglieder, die sich zurückgezogen haben. Es gab nicht nur frustrierte Rückzüge in eine Art passive Mitgliedschaft, sondern auch Austritte, auch mit Erklärungen.

So sehr aktuell Bundes- und Landespolitik – zumal in der Medienberichterstattung – dominieren: Das Bild und das Profil der Parteien in der Region, vor Ort, in der Kommunalpolitik schufen mal ein starkes Rückgrat der Parteien, auch der SPD, eine breite Basis und Verwurzelung in der (Wahl-)Bevölkerung.

Die Dramatik der „großen" politischen Ereignisse, Erfolge und Verluste, finden schnell ihre Analysten. Was „da unten" stattfindet, wo sich vielleicht auch langfristige Voraussetzungen für den Erfolg oder Misserfolg auf Landes- und Bundesebene entwickeln, wird zu wenig beachtet.

Der mediale Focus auf Bundes- und – in geringerem Maße – Landespolitik verleitet zu einer Verengung des Blickwinkels: Wähler- und Mitgliederschwund wird meist auf die Bundesparteien bezogen, kommunale Wahlerfolge und (vor allem) Wahlverluste sehr schnell „der Bundesebene" oder der

„Landesebene" zugerechnet. So kann jeder weniger erfolgreiche Kommunal-politiker sich hinter „seinem" Bundeskanzler oder Ministerpräsidenten „ver-stecken". Wenn, dann drohen Parteien aber vor allem vor Ort zu verlieren – Mitglieder und Wähler! Online-Mitgliedschaften sind kein ausreichender Ersatz für persönliche Kontakte. Digitalisierung und die Nutzung neuer Medien können die persönliche Präsenz vor Ort nicht ersetzen, aber sicher wirksam unterstützen und ergänzen.

Erweitern wir deshalb unsere Perspektive und werfen einen Blick auf ei-nige Entwicklungen in der „rheinischen Provinz", wo Erfolge und Misser-folge der SPD oft beispielhaft zutage traten, und auf Beispiele aus meinem Kreisverband, auch um zu verstehen, warum Initiativen oder Parteirefor-men „von oben" häufig ins Stocken geraten – schließlich soll Demokratie von unten nach oben organisiert werden!

Der Kölsche Klüngel

Bestimmend für den Profilverlust der SPD im Bezirk Mittelrhein wurde die Berichterstattung in den Medien zu einer ganzen Reihe von problemati-schen bis skandalträchtigen Vorgängen in unserer Region. Um die Entwick-lung innerparteilicher Verkrustung und starker Netzwerk- und Klüngelbil-dung zu verstehen und um Chancen für Reformen einschätzen zu können, gehe ich nachfolgend näher auf die SPD in der Mittelrheinregion ein.

Der „Kölsche Klüngel", eine Tradition der Freundlichkeit und Gefälligkeit innerhalb von dicht geknüpften Netzwerken in der Stadt und in der Region, ist ein ganz besonderes Phänomen. Er wird von den Kölnern häufig als Teil ihrer Identität akzeptiert. Aber in keiner anderen Großstadt Deutschlands hat es in der Vergangenheit so viele Skandale gegeben wie in Köln.[106]

2002 schlug die Kölner Spendenaffäre um den Bau der Müllverbrennungs-anlage (MVA) im Stadtteil Niehl hohe Wellen und erreichte die überregiona-len Medien und Schlagzeilen. Schon im Vorfeld des Baues der MVA in den 1990er Jahren hatte sich wohl ein enges Netzwerk aus großem Müllunter-nehmer, Anlagenbauer sowie einem ehemaligen SPD-Bundestagsabgeordne-ten und Kölner SPD-Lokalpolitiker vertrauensvoll abgestimmt. „Zwar lief für den Bau der MVA ein offizielles Bieterverfahren, aber intern war längst aus-gemacht, wer den Zuschlag als Generalunternehmer bekommen sollte ..."[107]

Offenbar waren Bestechungsgelder an die SPD geflossen, die juristische Aufarbeitung führte zur Verurteilung einiger Politiker und zu einem bundesweiten Medienecho:

„Cash in de Täsch. SPD-Spendenaffäre. Gute Freunde, schwarzes Geld, dubiose Entscheidungen – In Köln regiert der Filz. ...“[108]
„Affären – Klein-Palermo am Rhein. Rund um das SPD-Urgestein Karl Wienand haben Staatsanwälte eine ‚mafiöse Struktur‘ ausgemacht. In Köln sei Politik käuflich gewesen, behaupten die Ermittler.“[109]
„Der Abfall der Genossen. Kölner Sozialdemokraten sollen Schmiergeld von der Müllindustrie angenommen haben. Aus einer Spendenaffäre droht ein Korruptionsskandal zu werden, der die Bundespartei in Bedrängnis bringt.“[110]
„Die Genossen der Trienekens. Der Kölner Klüngel und das lukrative Geschäft mit dem Abfall.“[111]

Es muss ergänzt werden, dass auch ein Müllskandal in einem Nachbarkreis Kölns bekannt wurde, der ebenfalls strafrechtlich verfolgt wurde. Er fand aber nicht eine vergleichsweise breite überregionale Beachtung in den Medien. Hier wurde vor allem ein prominenter Kommunalpolitiker der CDU beschuldigt und schließlich verurteilt.

In der Mittelrheinregion bleibt mit Blick auf Parteien der Eindruck einer hochentwickelten „Schlawiner-Republik“, wie ich mal gehört habe. Hinweise auf Kommunalpolitiker in Untersuchungshaft gehörten häufig zum Repertoire von Kabarettisten. Die engen Verbindungen zwischen kommunaler Verwaltung und Politikern mit regionalen Baulöwen waren Vorlage für einen Fernsehfilm, als satirische Zuspitzung des „Kölschen Klüngels“.[112]

Der Kölner Skandal hatte nicht nur ein breites Medienecho gefunden und auch die Landes- und Bundes-SPD getroffen, sondern auch die Menschen in Köln und den benachbarten Regionen erschüttert. Das war nicht mehr als eine Art rheinischer Folklore abzutun.

Eine hilf- und planlose Verdrängung der Skandalberichterstattung zu Vorgängen in Köln durch die SPD vor Ort und im Kreisverband habe ich vor allem während meiner rund dreijährigen Mitarbeit im Vorstand meines aktuellen SPD-Kreisverbandes ab 1999 erlebt.

Ich war verwundert, wie gefasst viele meiner Vorstandskollegen mit dieser Berichterstattung umgingen – oder vor allem: nicht umgingen. Es gab doch eine lange und enge Zusammenarbeit unseres Kreisverbandes mit der Kölner SPD. Hatte man sich an Skandale gewöhnt? Oder galt auch hier das Motto „Dat mache mer emmer so un stonn zesame!“[113] Aus meinem früheren

Kreisverband, der eine wesentlich geringere Mitglieder- und Delegierten-
zahl und damit eine geringere Bedeutung für die Kölner SPD-Spitzen hatte,
war mir das so nicht vertraut.

Und: Früher konnten lokale und regionale Skandalberichte vor dem Hintergrund erfolgreicher SPD-Politik in NRW, anderen Bundesländern und im
Bund vielleicht noch als weniger gewichtig, als regionale oder örtliche „Einzelfälle" abgetan werden – die sie aber meist wohl auch nicht waren, sondern
Ausdruck und Ergebnis regionaler Personal- und Entscheidungsstrukturen.

Politische Skandale in Köln hatten mit ihrer Ausstrahlung in die benachbarten Regionen eine ausgeprägte Tradition, sie wurden nicht nur vom WDR
und der regionalen Presse regelmäßig und ausführlich berichtet, sondern
fanden auch überregional eine bemerkenswerte Resonanz in den Medien.

Der „rheinische Klüngel" hat den Charme der Nähe, der Vertrautheit und
verdeckt doch häufig nur Machtstrukturen, zumal er dem reinen Selbst-
zweck dienende Netzwerke entwickelt – weit über das in einer Demokratie
erträgliche Maß der meist tolerierten „Hilfe für Parteifreunde" hinaus.

Die regionale und überregionale Presse berichtete nicht nur über die Ein-
zelfälle, sondern untersuchte auch die Strukturen, die dem Verhalten von
Politikern um die Jahrtausendwende zugrunde lagen, nicht nur in der SPD.
Diese Form der Aufarbeitung bietet auch Hinweise und Ansätze, solches
Fehlverhalten von Politikern aufzudecken und präventive Maßnahmen zu
ergreifen.

Peter Berger und Andreas Damm blickten zum Beispiel auf ein parteiüber-
greifendes System in Köln:

„Allmählich fällt es schwer, die Skandale und Affären auseinander zu halten. Gestern
die SPD, heute die CDU. Spendenbetrug, illegale Aktiengeschäfte, zweifelhafte Beraterverträge, Bestechung bei Vergabe städtischer Aufträge – die Staatsanwaltschaft sieht
sich noch lange nicht am Ende der Untersuchungen. ... Der Bochumer Politikwissenschaftler Uwe Andersen sieht eine Ursache für kriminelle Klüngeleien in der ‚besonde-
ren lokalen und regionalen Kultur' im Rheinland. Zwar war die SPD auch im Ruhrgebiet
über Jahrzehnte ähnlich allmächtig, doch in Köln pflegten die Sozialdemokraten die
CDU zu beteiligen bei ihrem Schacher um öffentliche Gelder und Pöstchen. ... Wo die
selbstreinigenden Kräfte nicht mehr funktionieren, wenden sich die Bürger ab, warnt
Andersen. ... Ernüchtert müssen die Wähler feststellen: Die Seilschaften sind geblieben:
heute sind die Strippen schwarz."[114]

In der Süddeutschen Zeitung war zu lesen:

„Die beiden großen Volksparteien haben sich die Stadt zur Beute gemacht. Sie schieben sich die Pfründe zu, egal, wer regiert. ... Das Kölner System funktioniert durch eine Art institutionelle Korruption."[115]

Heinz Verfürth schrieb mit Bezug auf die Kritik des Kölner Soziologen Erwin K. Scheuch:

„Je zahlreicher und häufiger die Posten und Pöstchen, je umfangreicher natürlich auch die Kartelle, Cliquen und Seilschaften, von denen Scheuch spricht. In einer der ältesten wissenschaftlichen Studien über das Parteienwesen in der modernen Demokratie, nämlich von Robert Michels aus dem Jahre 1911, war schon von ‚oligarchischen Tendenzen des Gruppenlebens' die Rede. In unserem heutigen ausgewucherten Parteienstaat haben sich diese Erscheinungen längst zur Selbstverständlichkeit verkrustet. ... Die Beutepolitik der Parteien ist längst so perfektioniert, dass nicht mehr allein das ‚System der Machtübernahme durch Cliquen außer Kontrolle ist', wie Scheuch formuliert, sondern die parteipolitische Vermengung von Staat und Gesellschaft."[116]

Die neuen Hoffnungsträger der Kölner SPD, Jochen Ott, ab 2001 als Parteivorsitzender, und Martin Börschel, ab 2002 Vorsitzender der SPD-Ratsfraktion, gingen an die Öffentlichkeit und baten mit einer Anzeige im Kölner Stadt-Anzeiger am 20./21.7.2002 die Bürger um Entschuldigung für den Missbrauch des Vertrauens, den schweren Schaden, den der Skandal dem Ansehen Kölns und der Politik in Köln zugefügt habe, sowie die Blindheit, die Machenschaften einzelner nicht frühzeitig erkannt zu haben.[117]

Jochen Ott und Martin Börschel machten nicht nur in Köln Karriere, sondern wurden auch Landtagsabgeordnete, Börschel ab 2005, Ott ab 2010. Jochen Ott, inzwischen Vorsitzender des SPD-Bezirks Mittelrhein und seit Mai 2023 Vorsitzender der NRW-Landtagsfraktion, trat auch zur Landtagswahl 2022 – mit einem günstigen Listenplatz – wieder erfolgreich an.

Beide haben aber auch für Schlagzeilen gesorgt, deren öffentliche Wirkung sicher nicht auf Köln begrenzt blieb:

Nach der Kommunalwahl 2014 in Köln erfuhren die Zeitungsleser, dass Jochen Ott in einem bisher CDU-starken Stimmbezirk der Sieg verkündet wurde. Dann nach vielen Protesten, langem Hin und Her und schließlich erst nach einer Gerichtsentscheidung mussten doch in diesem Stimmbezirk die Stimmzettel neu gezählt werden – der Stimmbezirk ging an die CDU. Es waren im Stimmbezirk schlicht die Stimmzettel von CDU und SPD vertauscht worden. Ott verlor sein Ratsmandat – und Rot-Grün die knappe Mehrheit im Rat der Stadt Köln.[118] Der Kommentar war hart, hatte aber wohl Eindruck gemacht:

„Ist die Demokratie bei den Parteien immer in guten Händen? In Köln muss man stark daran zweifeln. ... All jene, die es mit der Demokratie nicht so genau nehmen wollten, müssen sich fragen lassen, ob sie der Aufgabe, für die man sie gewählt hat, eigentlich gewachsen sind. Demokratie lebt davon, dass Spielregeln eingehalten werden. Wenn schon gewählte Abgeordnete das nicht so wichtig finden, läuft etwas falsch."[119]

Jochen Ott trat auch im Herbst 2015 bei der Oberbürgermeisterwahl in Köln an. Bei den Wahlplakaten des Kölner SPD-Vorsitzenden war aufgefallen, dass auf ein SPD-Logo verzichtet wurde.[120] Auch hier gab es leider wieder eine erstaunliche Panne: Wegen fehlerhafter Stimmzettel musste die Wahl von September auf Oktober 2015 verschoben werden. Die Namen der Kandidaten der Parteien waren beim Druck hervorgehoben, der Name der parteilosen Henriette Reker nicht. Reker siegte mit über 52 Prozent, Ott erhielt 32 Prozent.

Als 2018 überraschend der bis dahin amtierende Bezirksvorsitzende und Bundestagsabgeordnete Sebastian Hartmann Landesvorsitzender der SPD in NRW wurde, folgte ihm Jochen Ott im Bezirksvorsitz Mittelrhein – auch eine wichtige Vorentscheidung mit Blick auf die Listenplatzierung für die Landtagswahl in NRW im Mai 2022.

Im April 2018 sorgten Medienberichte über einen kommunalpolitischen Deal in Köln wieder für Aufregung: Martin Börschel sollte, ohne Ausschreibung, die neu zu schaffende, hoch dotierte Stelle eines hauptamtlichen Geschäftsführers der Stadtwerke Köln erhalten. Nach breiter öffentlicher Kritik und der Intervention von Oberbürgermeisterin Reker scheiterte der Plan.[121] Nach langem Zögern gab Börschel im März 2019 auch sein Ratsmandat auf.

„Fast ein Jahr hat es gedauert, bis Martin Börschel die Konsequenzen aus seinem missratenen Versuch gezogen hat, sich zum hochdotierten Geschäftsführer der Stadtwerke wählen zu lassen. ... Seiner Fraktion hat Börschel mit dem langen Abwarten jedenfalls eher geschadet."[122]

Börschel zeigte auch Einsicht: „Es war nicht klug und nicht richtig", so Börschel. Er sei sich seiner Sache auch deshalb so sicher gewesen, weil alle politischen Gegner beteiligt gewesen seien und ihr Einverständnis signalisiert hätten. „Da war mein Instinkt wohl weg", sagte Börschel. Er ärgere sich sehr und es tue ihm leid, dass er Menschen enttäuscht habe.[123] Aber so ganz gab Börschel die Verbindung nicht auf. Es wurde berichtet, dass er weiter Verwaltungsratsvorsitzender der Sparkasse Köln-Bonn und Aufsichtsratsmitglied der Rheinenergie bleibe.[124]

Ende einer Ära: 16 Jahre leitete Martin Börschel die SPD-Fraktion im Rat der Stadt Köln – nun schied er im März 2019 aus dem Stadtrat aus. Nach rund 18 Jahren hatte Jochen Ott 2018 den Vorsitz der Kölner SPD niedergelegt. Diese Beispiele lassen uns auch einen Blick werfen auf Entscheidungsstrukturen und Entscheidungsprozesse in Parteien. Sie sind häufig nicht nur Einzelfälle oder irgendwann „Schnee von gestern", sondern mit Blick auf Reformen auch für die Gegenwart von Bedeutung. Damit solche Begünstigungen in Zukunft unterbleiben, bedarf es mutiger und wirkungsvoller Reformen auch vor Ort und in den Regionen, um Transparenz zu gewährleisten und wieder Vertrauen zu gewinnen: Die Entscheidungsstrukturen und Entscheidungsprozesse in den Parteien müssen in den Mittelpunkt der Reformen gerückt werden.

Die Kölner Skandalnachrichten Anfang der 2000er Jahre und später haben natürlich zu Empörung bei Bürgern und Parteimitgliedern geführt, auch sicher zum Rückzug aus dem politischen Engagement, vielfach auch zur Resignation: So ist Politik, so sind Politiker halt. Es fehlte an einem wirksamen Widerstand, auch in der SPD. Zu viele Menschen, auch Parteimitglieder, möchten Auseinandersetzungen und Streit möglichst vermeiden, mögen sich dem nicht aussetzen – denn sie wissen, dass Skandalverursacher auch hart zurückschlagen können. Pitt von Bebenburg kam 2004 zu einem Resümee:

„Der Ruf der Politik ist längst ruiniert. Bestechungsskandale und Korruptionsvorwürfe sind so vertraut geworden ... Nach Angaben von Forsa-Chef Manfred Güllner meinen 72 Prozent aller Deutschen, dass Unkorrektheiten bei der Finanzierung der Parteien gängige Praxis seien; gar 85 Prozent sind es, die Politikern Bestechlichkeit zutrauen. Jugendstudien belegen, wie zentral solche Einschätzungen für den Mangel an Vertrauen in die Politik sind. So falsch die Verallgemeinerung der Negativbeispiele ist, weil sie ehrenwertes politisches Engagement mit in Sippenhaft nimmt, so verständlich ist sie andererseits."[125]

Das bedeutet aber auch, dass die sicher sehr große Zahl anständiger, ehrenwerter und integrer Politiker und Kommunalpolitiker mit ihrer zum Teil sehr langen politischen Erfahrung im eigenen Interesse einen größeren Widerstand leisten und hinschauen müssen. Auch das sicher noch sehr breite politische Engagement vieler Politiker und Kommunalpolitiker kann sonst Gefahr laufen, in den Sog des Misstrauens gegenüber der Politik allgemein zu geraten. Dagegen müssen sich Politiker aktiv wehren – nicht nur in der SPD.

In großer zeitlicher Nähe zu den Kölner Skandalen wiederholten Journalisten nicht nur Kritik, sondern machten auch Vorschläge, wie solche Fehlentwicklungen und Skandale verhindert werden könnten. Da sie auch für die später zu diskutierenden Reformvorschläge von Bedeutung sind, möchte ich Vorschläge von zwei Journalisten in kurzen Auszügen aufnehmen: Zu den Möglichkeiten der Einflussnahme der Wirtschaft auf die Politik zählen:

„direktes Abwerben von Kommunalpolitikern mit lukrativen Verträgen, durch Beraterverträge, durch Auftragsvergaben an Entscheidungsträger. Und schließlich auch durch ein ausgeklügeltes System von Dankeschön-Spenden, dessen Erfinder Norbert Rüther sich über Jahre als Meister darin erwies, aus einem nahezu undurchschaubaren Geflecht von Politik und Wirtschaft Vorteile zu ziehen, was mit dem Wort Filz nur unzureichend beschrieben ist. ... Jetzt muss es darum gehen, alle Nebeneinkünfte der Ratsmitglieder transparent zu machen und so etwas wie einen Korruptionskatalog zu erstellen. ... Der gläserne Kommunalpolitiker ist ein notwendiges Übel. Transparenz schafft Kontrolle."[126]

Ein weiterer Vorschlag:

„Wer mit der Möglichkeit der Korruption nicht kalkuliert, träumt vom guten Menschen oder leugnet die Dimension des Problems. Wer es lösen will, muss in ähnlichen Dimensionen denken: gegen Korruption hilft nur eine stark erhöhte Dosis Demokratie. ... Korruption wächst am besten, wenn sie Zeit, viel Zeit hat und berechenbare Verhältnisse. Es müssen persönliche Beziehungen aufgebaut, Bereitschaften ausgelotet, Vertrauen geschaffen und Vertraulichkeit garantiert werden. Korruption ist nur im Konsens möglich; das erschwert auch ihre Bekämpfung. Das heißt auch: Unberechenbarkeit schadet ihr. Deshalb ist mehr Demokratie ein gutes Mittel gegen Korruption, ist deren Grundprinzip doch das der Unberechenbarkeit: Ämter und Mandat auf Zeit, Teilung und Kontrolle von Macht, Bürger-Beteiligung. Es ist nicht die Politik, die den Charakter verdirbt, sondern die unter Ausschluss der Öffentlichkeit."[127]

In der SPD in der Mittelrheinregion gibt es feste persönliche Netzwerke und Klüngelstrukturen zum gegenseitigen persönlichen Vorteil: „Fründe"[128] schaffen Pfründe. Auch hier wird die mangelnde Lernbereitschaft und Lernfähigkeit der entscheidenden Funktionäre deutlich – und fehlende Offenheit über die engeren Kreise der „Fründe" hinaus.

Die Berichterstattung über die Kölner Affären machte nebenbei auch personelle Verbindungen zwischen Köln und der Region deutlich: Auch Genossen aus der Umgebung von Köln konnten in Köln Karriere machen. Was zunächst nach Offenheit aussieht, macht bei näherem Hinschauen deutlich, dass Umgebung nicht nur im geografischen Sinne zu verstehen ist, sondern als das Dazugehören zu den parteiinternen Klüngel- und Kungelkreisen der Region. So konnte ein parteipolitisch und kommunalpolitisch profilierter Politiker aus einem Nachbarkreis im Frühjahr 1990 vom Rat der Stadt Köln zum Oberstadtdirektor gewählt werden. Nach dem Ende seiner Dienstzeit im April 1998 wechselte er in die Geschäftsführung einer Privatbank.

Lesern einer Regionalzeitung mag im Mai 2023 bewusst geworden sein, dass frühere Vorgänge heute immer noch eine Rolle spielen: Es wurde berichtet, während der Amtszeit dieses Kölner Oberstadtdirektors sei in den 1990er Jahren ein Filetgrundstück der Stadt an eine private Investorengruppe verkauft worden. Dort wurden die heutige Lanxess-Arena und ein großes Stadthaus für Mitarbeiter der Stadtverwaltung gebaut, das von der Stadt Köln gemietet wurde. Ein entsprechender Ratsbeschluss, bei Abschluss des Mietvertrages eine Kaufoption für das Stadthaus nach Ablauf des Mietvertrages zu sichern, wurde von der Verwaltungsspitze und dem damaligen Oberstadtdirektor jedoch nicht umgesetzt. Ein entsprechender Grundbucheintrag über ein Vorkaufsrecht fehle[129] – vielleicht zum Nachteil der Stadt heute.

Kandidatenwahl für den Bundestag 2002

2001 kam unser Kreisvorsitzender, der nach der Wahl 1998 über die Landesliste in den Bundestag nachgerückt und Bundestagsabgeordneter im Nachbarwahlkreis war, mit der Botschaft in den Kreisvorstand, er habe eine Nachfolgerin für unsere aus dem Bundestag ausgeschiedene Abgeordnete, die in den Vorstand einer Bank gewechselt war. Er machte seinen Vorschlag auch gleich öffentlich und begründete seinen Vorschlag mit der Bitte von Ortsvereinsvorsitzenden des Wahlkreises, einen geeigneten „Ersatz" für die frühere Abgeordnete zu suchen. Mit der frühzeitigen Veröffentlichung hatte er schon mal Fakten geschaffen. Hätten sich aus dem Kreis jetzt Interessenten gemeldet, wären sie Gegenkandidaten gewesen – wie es später in der Wahlkreiskonferenz Ende Juni 2001 der Fall war.

Es sind manchmal auch die kleinen Sachen, die mürbe machen: So wurde mir vom Vorsitzenden in einer Vorstandssitzung im Juni 2001 vorgehalten, ich hätte Kontakt zur Arbeitsgemeinschaft sozialdemokratischer Frauen (AsF) im Bezirk aufgenommen, um Alternativen zu seinem Vorschlag zu finden. Ich hatte diesen Kontakt nicht und bestritt das. Trotzdem nahm der Schriftführer, später und bis heute Nachfolger im Kreisvorsitz, ins Protokoll auf, ich hätte die AsF-Position eingebracht. Das Protokoll wurde in der nächsten Sitzung korrigiert. Aber: Ich war damit als Kritiker dieses Nominierungsverfahrens bekannt.

Es wurden Unwahrheiten in Umlauf gebracht, dass ich Nachteiliges und Diskreditierendes über die von unserem Vorsitzenden vorgeschlagene Abgeordnete „herumerzählen" würde, was nicht stimmte. Die Urheberin dieser Unwahrheiten wurde auf mein beharrliches Drängen hin zur Rede gestellt und musste zugeben, dass ihre Behauptungen nicht stimmten. Die Lüge hatte für sie keine Konsequenzen. Ein Kreistagsmitglied aus meinem Ortsverein beschwerte sich bei mir, dass meine Kritik im Kreisvorstand seine Karriere als Kreistagsmitglied gefährde – er meinte wohl seinen Listenplatz bei der nächsten Kreistagswahl. Diese Erfahrungen wecken Verständnis gegenüber vielen Mitgliedern, die sagen: So etwas tue ich mir nicht an!

In der nächsten Vorstandssitzung stellte sich die Kandidatin vor. Sie machte auf mich einen angenehmen, wenn auch erkennbar unsicheren Eindruck. Sie hing quasi an den Lippen ihres Förderers. Es gab wenige kritische Fragen zu ihren Positionen und Vorstellungen oder zum angelaufenen Nominierungsverfahren. Meine kritischen Fragen wurden der Mimik und Gestik zufolge als Störung empfunden.

Als sich ein Mitbewerber aus einer linksrheinischen Stadt meldete, war die Überraschung in der Wahlkreiskonferenz groß. Die Abgeordnete sei nicht gerade begeistert gewesen, da man ihr versichert habe, alleinige Bewerberin zu sein, so wurde berichtet. Von den 56 Delegierten erhielt sie 43 Stimmen, ihr Mitbewerber 8.

Kandidatenwahl für den Bundestag 2009

Drei Anlässe motivierten mich, 2008 die absehbare erneute Nominierung unserer Bundestagsabgeordneten nicht nur zu kritisieren, sondern auch aktiv zu werden: Zum einen hatte ich 2007 meinen ehemaligen Schulfreund als Hartz IV-Empfänger in seiner prekären Lebenssituation erlebt.

Dann hatte sich die Abgeordnete in einer öffentlichen Veranstaltung unseres Ortsvereins im Frühjahr 2008 zur Lage in Afghanistan sehr herablassend zu einem Vorschlag unseres damaligen SPD-Vorsitzenden Kurt Beck geäußert, nach dem Motto: Was versteht der Provinzler schon von Afghanistan?! Kurt Beck hatte den aus meiner Sicht vernünftigen Vorschlag gemacht, nicht weiter nur auf eine militärische Lösung zu setzen, sondern mit den Taliban einen Verhandlungsweg zu suchen und zu beschreiten. Wäre man diesem Vorschlag frühzeitig gefolgt, hätte man das Abzugsdesaster in Afghanistan im Sommer 2021 vielleicht vermeiden können.

Schließlich konnte ich im Fernsehen den unrühmlichen und beschämenden Abgang unseres Vorsitzenden Kurt Beck Anfang September 2008 erleben, als er die SPD-Vorstandsklausur am Brandenburger Schwielowsee durch die Hintertür verließ und schließlich vom Vorsitz zurücktrat. Auch nach dem, was ich anschließend über die Umstände dieses Rücktritts las und erfuhr: Ich war nicht nur enttäuscht. Ich war wütend! Was die SPD-Spitze dort veranstaltet hatte, war meiner Meinung nach der SPD unwürdig!

Ich wollte meinen Protest gegen zentrale sozial- und außenpolitische Entscheidungen deutlich machen, und unserer Bundestagsabgeordneten, die die Politik der Bundesregierung von Kanzler Schröder unterstützt und mit zu verantworten hatte, nicht das Feld überlassen. Ich war entschlossen: Ich teilte meiner Ortsvereinsvorsitzenden, den Ortsvereinsvorständen unseres Wahlkreises und dem Kreisvorstand mit, dass ich mich um die Nominierung als Bundestagskandidat bewerben möchte – und hoffte, durch meinen Schritt weitere Bewerberinnen oder Bewerber zu ermuntern. Zumal ich gehört hatte, dass eine Kommunalpolitikerin in einer Nachbarstadt wohl auch Interesse hatte. Ich bat um die Gelegenheit, meine Bewerbung im Vorstand meines Ortsvereins, in den anderen acht Ortsvereinsvorständen im Wahlkreis, in den Arbeitsgemeinschaften und im Kreisvorstand zu begründen und mich mit der Bundestagsabgeordneten in den Ortsvereinen vorzustellen. Nach meiner Erinnerung: Zunächst Schweigen. In der Erwartung: Der gibt schon auf. Bewegung kam erst auf, als ich meine Bewerbung den Regionalzeitungen mitteilte und diese meine Bewerbung öffentlich machten.

Die Vorsitzende meines Ortsvereins weigerte sich zunächst, mir die Gelegenheit zur Vorstellung und Begründung meiner Bewerbung zu geben. Nach der Veröffentlichung meiner Bewerbung in den Regionalzeitungen boten mir zuerst Vertreter der SPD unserer Stadtteile Gelegenheit zur Vorstellung in einer sehr kollegialen Atmosphäre. Schließlich wurde ich auch von der Vorsitzenden unseres Ortsvereins, aber erkennbar widerwillig und unfreundlich, zu einem Gespräch in eine Vorstandssitzung eingeladen.

Nach einer ersten Ablehnung stimmte die Bundestagsabgeordnete schließlich doch noch zu, sich mit mir zusammen in den Ortsvereinen vorzustellen. Einige Ortsvereinsvorstände lehnten diese Vorstellung ab. In anderen Ortsvereinen konnten wir uns vorstellen. Die Nutzung der Adressen der Mitglieder der neun Ortsvereine für ein Bewerbungsschreiben wurde von der Kreisgeschäftsstelle abgelehnt: Datenschutz. Nicht nur zu meiner Verwunderung wurde die Wahlkreiskonferenz schon für den 4.12.2008 geplant, obwohl die Bundestagswahl am 27.9.2009 stattfand. Offensichtlich strebte der Kreisvorstand einen schnellen Durchmarsch an. Man hätte den Mitgliedern im Wahlkreis ohne Probleme mehr Zeit zur Meinungsbildung gewähren können.

Unsere Wahlkreiskonferenz wurde auch zum Erstaunen vieler mit der Wahlkreiskonferenz des zweiten Wahlkreises unseres Landkreises zusammengelegt. Man wollte wohl die Entwicklungen und den Ablauf „im Griff" behalten. Die Abgeordnete erhielt 45, ich 9 Stimmen der Delegierten.

Mir war klar, dass ich keine realistischen Chancen hatte – weder auf eine Wahl zum Kandidaten noch auf eine Wahl in den Bundestag. Ich wollte weitere Mitglieder ermuntern, sich kritisch einzubringen, auch gegen Kritik, Widerstände und Anfeindungen. Viele müssten das machen! Die Parteioberen, die Strippenzieher verunsichern, ihnen die Beherrschung der Partei streitig machen!

Unsere Kandidatin schaffte es 2009 auch über die NRW-Liste nicht mehr in den Bundestag.

Kandidatur bei der Kommunalwahl 2009

Im Frühjahr 2008 hatte ich mich entschieden, als Kandidat für die SPD bei der Kommunalwahl 2009 anzutreten, in einem Stimmbezirk, für den es kaum eine Nachfrage gab: im „Wohnpark" in unserem Stadtteil, vor allem mit Hochhausbebauung. Unsere Kandidaten dort hatten zuletzt von Wahl zu Wahl gewechselt. Bis in die 1990er Jahre war es für die SPD ein relativ sicherer Stimmbezirk. 1994 erreichte die SPD noch fast 45 Prozent, bei der Wahl

2004 waren es 26 Prozent und ich schaffte 2009 den „Sprung" auf 28 Prozent. Die Wahlbeteiligung fiel in diesem Stimmbezirk von 71 Prozent (1994) auf 37 Prozent (2009).

Mein Wunsch nach einem hinteren Listenplatz war wohl eher die Ausnahme. Ich wollte Kandidat werden und zwar nur im „Wohnpark" und ohne Listenabsicherung, d. h. mit dem letzten, dem 6. Listenplatz in unserem Stadtteil.

Die Zusammensetzung der Bewohner hat sich seit den 1970er Jahren stark verändert. So hat die Zahl auch von einkommensschwächeren Bewohnern und Bewohnern mit Migrationshintergrund stärker zugenommen. Die Hochhäuser sind umgeben von großen Grünflächen, Parkbänken, Kinderspielplätzen und grenzen im Süden an einen Stadtpark, ebenfalls mit Spielplätzen. Auf den ersten Blick eine tolle Wohnlage.

Als Stadtratskandidat steht man vor den Hochhäusern und fragt sich: Wie kann ich die Bewohner erreichen – nur über ihre Briefkästen?! SPD-Mitglieder hatten wir im „Wohnpark" kaum noch. Mein erster Ansatz: Die Hausmeister kennen sich in ihrer Wohnanlage aus! Wir vereinbarten auch eine Ortsbegehung durch den „Wohnpark". Ein weiteres Treffen konnte ich mit Vertretern von Verwaltungsbeiräten der Eigentümergemeinschaften der Häuser vereinbaren.

Es war Basisarbeit. Viele offensichtliche Probleme wurden thematisiert. Maßnahmen wurden besprochen: Brief an die Stadtverwaltung zu den städtischen Grünflächen, Antrag an den zuständigen Planungsausschuss, Bürgerversammlung.

Während der häufigen Besuche in meinem Stimmbezirk, im „Wohnpark", wurde mir bewusst, dass sich unsere Kenntnisse der Nachbarschaft meist auf das unmittelbare Wohnumfeld konzentrieren. Wir nehmen häufig nicht wahr, dass die Lebensumstände nur einige hundert Meter oder einen Kilometer entfernt in unserer Stadt anders sind und dort von den Bürgern anders empfunden werden. So berichtete mir eine jüngere Dame, die als Pflegerin in einer Bonner Klinik arbeitete, dass sie sich sehr unsicher fühle, wenn sie im Dunkeln am frühen Morgen zur Frühschicht aufbrechen und durch den „Wohnpark" zur Bushaltestelle gehen müsse.

Ich konnte erleben, wie drei junge Männer mit ihrem großen Pkw die Zufahrt zu einem Parkplatz vor den Hochhäusern blockierten, bei weit geöffneten Autotüren, und sich bei lauter Musik lebhaft unterhielten. Die Dame mit dem Kleinwagen eines Pflegedienstes hatte keine Chance, ihr wurde keine Chance gelassen, auf den Parkplatz zu gelangen, um zu der zu pflegenden Person zu kommen. Sie musste einen Umweg fahren. Auch in diesem „Wohnpark" waren und sind vor allem junge Männer zu erleben, die ihre vermeintliche Stärke dadurch demonstrieren wollen, dass sie demonstrativ übliche und geltende Spielregeln nicht einhalten. Auch dadurch wird das Unsicherheitsgefühl anderer Mitbewohner verstärkt.

Als ich später meinen Kandidatenbrief verteilte und auf dem Parkplatz einen Polizisten sah, stellte ich mich als Kandidat für die Kommunalwahl vor und sagte, dass ich schon häufig in diesem Wohnbereich auf Störungen und mangelnde Sicherheit angesprochen worden sei. Er war ein ruhiger, sachlicher, freundlicher Polizist. Seine Kollegin kam hinzu und dann auch ein Hausmeister. Es entwickelte sich ein längeres Gespräch. Der Polizist erklärte, dass dies ein „Gefährdungsbezirk" sei. Donnerwetter: Ich kandidierte in einem „Gefährdungsbezirk"!

Wir trafen eine Frau mit ihrer Tochter, ein Pärchen, das vom Einkauf kam, gesellte sich dazu:

„Der Wohnpark ist für die anderen ein sozialer Brennpunkt. Wenn meine Tochter sich um eine Lehrstelle bewirbt und unsere Adresse nennt, ist die Sache gleich gelaufen ... Sie wird die Adresse der Großeltern angeben."

Wir trafen viele Verlierer: Sie hatten den Job verloren, Geld, den Partner, die Heimat. Die absehbaren Entwicklungen rauben ihnen die Hoffnung, die Würde. Diese Begegnungen erinnerten mich an den Besuch bei meinem Schulfreund.

Sie sagten, dass niemand sich kümmere oder ansprechbar sei. Manche deutschen Bewohner schienen zunehmend heimatloser als marokkanische, türkische, iranische Familien. Durch deren Zusammenleben erschien den deutschen Bewohnern ihr Zustand noch einsamer. Das sei ein Heimatlosengefühl, ein Gefühl des Ausgeliefertseins, Alleinseins. Die lärmende afghanische oder türkische Familie als Nachbarn zu erleben, kann auch zu Resignation, Verzweiflung und Wut führen – ein Nährboden für platte rechte Parolen. „Multikulti" erleben diese Menschen ganz anders als der grüne oder sozialdemokratische Lehrer, der in einer Reihenhaussiedlung einen aus dem Iran stammenden Kinderarzt zum Nachbarn hat.

Kinder aus dem „Wohnpark" besuchten die alte Grundschule im Zentrum unseres Stadtteiles. Ich wollte mit dem Schulleiter über seine Erfahrungen mit den Schülern und ihren Eltern sprechen und vereinbarte mit ihm ein Treffen. Wir sprachen über die OGS (Offene Ganztagsschule): Im Frühsommer 2008 hatte er seine Überlegungen dazu an die Stadtverwaltung gegeben. Bis zu unserem Gespräch im Februar 2009 hatte er keinerlei Rückmeldung. Die Schule bot zu der Zeit Übermittagsbetreuung an, aber die räumlichen Bedingungen waren völlig unzureichend. Das Mittagessen wurde für die Kinder, deren Eltern nicht zahlen konnten oder wollten, aus Spenden des Stadtsportbundes finanziert. Die Schule sorgte so dafür, dass alle Kinder ihr Essen bekamen und niemand ausgegrenzt wurde.

Wir haben ausführlich über den familiären, sozialen Hintergrund der Grundschüler gesprochen. Es bestätigte sich, was ich gehört hatte: Es kamen auch Kinder ohne Frühstück in die Schule und einige waren früher auch ohne Erwartung einer warmen Mahlzeit mittags nach Hause gegangen. Die Eltern blieben häufig der Schule fern. Die Schule versuchte diese Distanz anzugehen, indem die Zeugnisausgabe mit dem Elternsprechtag verbunden wurde, mit mäßigem Erfolg.

Durch dieses Gespräch und meinen vorhergehenden Austausch mit dem Kinderschutzbund und einer Erziehungsberatungsstelle gewann ich einen Eindruck, wo die Stadt bei der Unterstützung und Förderung von Kindern und Jugendlichen ansetzen sollte. Es ging und geht auch um die frühzeitige Präsenz von Sozialarbeitern in diesen Wohnbereichen, im Rahmen von Quartiersmanagement, was in anderen Städten schon erfolgreich praktiziert wird, und was in unserer Stadt seit einigen Jahren auf Initiative der SPD im Stadtrat in einem anderen Wohnviertel zum Einsatz kommt. Die Ausweitung auf weitere Wohnviertel ist geplant, auch auf den „Wohnpark", das wurde vom zuständigen Fachausschuss des Stadtrates beschlossen.

Wegen des Wechsels meines Berufsortes Anfang 2010 bis zum Eintritt in den Ruhestand Ende 2013, mit einer zeitaufwendigen täglichen Anfahrt von über 50 Kilometern, war mir eine fortgesetzte Betreuung des Wohnparks, die Mitarbeit in unserer Stadtratsfraktion und das Engagement als sachkundiger Bürger leider nicht mehr möglich. Ich sehe das auch selbstkritisch: Auch ich war in die Stimmbezirksgesellschaft nur während des Kommunalwahlkampfes „eingetaucht".

Als ich mich ab Sommer 2015 in einer Helfergruppe über viele Monate engagierte, um die in einer großen Turnhalle in unserem Stadtteil untergebrachten knapp hundert Flüchtlinge und Migranten zu unterstützen, habe ich manchmal gedacht: Wir sind so viele Helfer, die die Notlage unserer „Schützlinge" in ihren Herkunftsländern, die gefährlichen Fluchtwege im Fernsehen jeden Tag erleben können. Kennen meine Mitstreiter in der Helfergruppe auch so manche prekäre Lebenslage, die die Bewohner im „Wohnpark" erleben?

Mir wurde bewusst: Ich biete den Flüchtlingen und Migranten wöchentlich Beratungsstunden an, übersetze für sie Briefe, wir füllen Antragsformulare für Integrationskurse aus, ich fahre sie zur Anmeldung für Integrationskurse zur Volkshochschule in der Nachbarstadt. Und ich stellte mir auch die Frage: Warum biete ich bedürftigen Bewohnern in meinem ehemaligen Stimmbezirk „Wohnpark" keine Beratungsstunden an? Aber ich war auch so beeindruckt und geschockt durch die Bilder von Menschen, die auf dem Weg nach Europa, nach Deutschland waren. Wie andere habe ich gedacht: Da müssen wir helfen!

7 Intransparente Kandidatenauswahl

Im Mittelpunkt einer Reformdebatte der SPD sollten zunächst eine Öffnung der Partei nach innen und mehr Beteiligungs- und Mitbestimmungsrechte der Mitglieder stehen, auch bei der Auswahl von Kandidaten im Vorfeld von Wahlen. Schon vor langer Zeit stellte der frühere SPD-Politiker Ulrich Lohmar nicht nur für die SPD fest, dass der Einfluss der Mitgliederversammlungen auf die Auswahl der Bewerber für Landtags- und Bundestagswahlen begrenzt sei und die Zusammensetzung der Landeslisten sich dem Einfluss der Mitglieder vollständig entziehe:

> „Sowohl bei der innerparteilichen Führungsauswahl als auch bei der Nominierung von Kandidaten für die Parlamente erweist sich, dass die große Mehrheit der Mitglieder auf das Geschehen keinen oder nur sehr geringen Einfluss hat. ... Die Rolle der Mitglieder bei der Auswahl parteiinterner und staatlicher Führungsgruppen bestätigt, dass nicht die Mitglieder die eigentlichen Parteibürger sind, sondern die Funktionäre, die ehrenamtlichen und ständigen Mitarbeiter der Parteien: Der Kreis der Funktionäre ist häufig mit dem der Delegierten auf Wahlkreiskonferenzen identisch; wenn hier und da ein ‚einfaches Mitglied' delegiert wird, bestätigt diese Ausnahme die Regel."[130]

Es haben sich Parallelwelten auch in der SPD unserer Region etabliert: Einerseits ist in den Kommunen und Ortsvereinen ein weiter abnehmendes, aber immer noch großes Engagement für die Bürger und die SPD feststellbar, auch in den kommunalen Parlamenten. Andererseits agieren auf Großstadt-, Kreis- und Bezirksebene die alten Seilschaften weiter, auch mit jüngeren Akteuren, und verteilen die inzwischen geringere Zahl von Mandaten in Stadt, Kreis, Land, Bund und im Europäischen Parlament unter sich. Das Führungspersonal jeder Organisationsebene findet Anerkennung der übergeordneten Netzwerke und empfiehlt sich für höhere Aufgaben, wenn es seinen Laden „im Griff" hat und seine Delegierten „auf Linie" hält.

Parteien sind, wie ich es erlebt habe, zumindest auf der Kreis- und Bezirksebene zunächst einmal im Zielkonflikt zwischen einer strikt praktizierten hierarchischen Ordnung nach innen einerseits und einem behaupteten, kritischen, beteiligungsorientierten gesellschaftlichen Diskurs in Richtung Mitglieder und Bürger anderseits. Das Ergebnis: Es ist schwierig bis unglaubwürdig, gleichzeitig und gleichermaßen die „Partei im Griff zu haben" und „offen für den Dialog" mit Mitgliedern und Bürgern zu sein – vor allem, wenn persönliche Interessen im Spiel sind!

In der Parteipraxis wird der „politische Diskurs", der immer wieder öffentlich gefordert wird, als störend unterlaufen oder verhindert. Parteien spielen zunehmend bei offenen Initiativen von Bürgern vor Ort kaum eine Rolle. Es erscheint widersinnig: Aber Parteien ziehen sich zunehmend aus dem öffentlichen Leben zurück, werden von den Bürgern häufig als nach innen gerichtete Begünstigungs- und nach außen gerichtete Beherrschungssysteme empfunden, deren örtliche und regionale Vertreter nicht die Legitimation (in den Augen der Bürger) haben, als politische Repräsentanten zu gelten. Die versprengten „Parteisoldaten" in Schützen-, Karnevals-, Sport- und Gesangvereinen können sich nicht erfolgreich gegen diesen Trend stemmen. Auch vor Ort haben die Parteien den Charakter eines Vereins stark eingebüßt.

Die Parteien, auch die SPD, müssen sich fragen lassen: Wollt Ihr überhaupt vor Ort Mitglieder? Bemüht Ihr Euch hier um neue Mitglieder, durch persönliche Ansprache oder Online-Angebote?

In der Folge ist die Entwicklung einer zunehmenden politischen Leere festzustellen. Es sind die „Zeitinhaber", die Parteiarbeit, manchmal auch zeitraubende Verwaltungsarbeit, leisten und darin offensichtlich persönliche Bestätigung und Befriedigung finden. Die Ortsvereine werden zu Verwaltungszellen und Dienstleistern für die Fraktionen, statt politische Themen und Ziele in die Mitgliedschaft und Bürgerschaft zu tragen. Was steckt hinter dieser „Professionalisierung" politischer Arbeit?

- Sie soll Einfluss, Macht (zunächst innerparteilich) und Einkommen bringen;
- Sie soll das persönliche „Vorankommen" beschleunigen; das Verfahren wird durch rhetorische Floskeln, oft nicht durch den Erwerb von Sachkompetenz abgekürzt;
- „Normale" Parteimitglieder fühlen sich als „Unprofessionelle" herausgedrängt (ohne zu hinterfragen, worin die Professionalität der anderen eigentlich liegt!);

- Auch die örtlichen und regionalen Medien begünstigen diesen Trend, neben der „Konfliktorientierung" und der Fokussierung auf die „örtlichen Spitzen". Das Medieninteresse besteht häufig weniger an politischen Sachthemen als an personalen Konflikten.

Die Erfolgreichen sind zunehmend nicht die fachlich und politisch profilierten Köpfe, sondern vor allem in der Region die, die innerparteiliche Einfluss- und Machtkartelle dulden, fördern und betreiben – und auch im eigenen Interesse nutzen. Das Neue ist nicht die persönliche Verbindung von einzelnen Funktionären und Mandatsträgern. Das Neue ist vielmehr die Tatsache, dass sich diese Einzelfälle zunehmend zu geschlossenen Strukturen verdichten und auch ausbreiten, so dass sich kaum noch Konkurrenten für einen demokratischen Wettbewerb finden – oder diese vergrault und herausgedrängt werden.

Wo die Sache, die Politik, nicht mehr im Vordergrund steht, sondern Personen, da sind auch die Auseinandersetzungen eher persönlich denn sachlich – und damit nach außen immer weniger vermittelbar, da die Bürger sich von den politischen Sachentscheidungen betroffen fühlen, nicht von Rivalitäten von Personen, die sie nicht kennen. So verlieren die Parteien auch vor Ort und in der Region Profil, das den Wählern Orientierung geben könnte.

Wer innerparteilich kritisiert und widerspricht, der wird häufig energischer bekämpft als der politische Gegner – mit dem man sich immer zum gegenseitigen Vorteil arrangieren kann. Man kennt sich – und: die Parteien gleichen sich hier strukturell stärker an.

Auch der Nachwuchs hat gemerkt, dass nicht in erster Linie Engagement, Fachkenntnisse und Originalität, sondern Anpassung an die „Netzwerksregeln" die Voraussetzung für den Aufstieg sind. Er setzt lieber darauf, „Kronprinz" in einem Netzwerk, im persönlichen Beziehungsgeflecht zu sein, als sich durch politische Arbeit im innerparteilichen Wettbewerb durchzusetzen. Das war früher auch schon festzustellen – aber: Aufgrund größerer Beteiligung gab es für die politische Rekrutierung eine größere Auswahl.

Diese Netzwerke ersticken auch die Lernfähigkeit der Organisation. Statt örtliche und regionale Fehlentwicklungen als Ursache von schlechten Wahlergebnissen zu thematisieren und auch Verantwortlichkeiten festzumachen, wird die Hauptverantwortung oft der Bundespartei zugewiesen – ein seltsames Verhalten von Politikern, die sonst immer laut danach rufen, Verantwortung übertragen zu bekommen!

Diese Netzwerke sind meist keine Bündnisse von Freien, sondern von Abhängigen. Ihre Mitglieder verfolgen Karrierepläne und instrumentalisieren Parteien für den Zweck persönlicher und materieller Vorteile. Diese Netzwerke legen sich wie ein Flechtwerk über die Parteien und ersticken Engagement und Initiativen.

Wechselt man von der Orts- zur Kreisebene in eine Vorstandsfunktion, wird deutlich: Nicht die politische Willensbildung von unten nach oben, sondern die Umsetzung von politischen Entscheidungen von oben nach unten ist die Aufgabe der Vorstandsmitglieder – und immer wieder die Absicherung von personellen (Vor-)Entscheidungen, die der Kreis-, Bezirks- oder der Landesvorstand vorbereitet bzw. ausgekungelt hat.

Unter Druck ersetzen manche Funktionsträger Autorität durch autoritäres Verhalten. Da bleiben Mitglieder chancenlos – und schließlich zu Hause, oder sie suchen andere Formen gesellschaftlichen Engagements. Wie lange können sich Parteien das noch leisten? Wann finden die Mitglieder in den Orts- und Kreisverbänden den Mut zu sagen: Wir, die Mitglieder, suchen und finden die Lösungen dort, wo wir uns auskennen. Gebt uns endlich die Chance, auch Kandidaten für Kreis-, Land- und Bundestag selber langfristig auszuwählen und aufzubauen!

Ich hatte als Mitglied unseres Kreisvorstandes im Vorfeld der Bundestagswahl 2002 den Vorschlag gemacht, die Wahlkreiskonferenzen als Mitgliederversammlungen statt als Delegiertenkonferenzen durchzuführen. Unser Vorsitzender beschied meinen Vorschlag so herablassend wie ablehnend mit der Frage: Da sollen wir wohl die Bonner Beethovenhalle für unsere Wahlkreiskonferenzen mieten?! Damit war der Vorschlag erledigt.

Anfang 2022 gab es ein interessantes Beispiel, wie und von wem Landtagskandidaten in einem Wahlkreis unserer Region ausgewählt wurden.

Es bewarben sich zunächst zwei Kommunalpolitiker der CDU um die Nominierung als Direktkandidat, und dann kam mit Verspätung noch die Bewerbung des Leiters der NRW-Staatskanzlei, Nathanael Liminski, mit dem Verweis auf seine im Wahlkreis verbrachte Jugend hinzu.

Es gab – vielleicht auch reflexhaft geäußerte – Vermutungen von regionalen CDU-Größen: Das ist ein wichtiger Mann. Der könnte auch eine große Chance für unseren Wahlkreis sein. Ein erfolgreicher Listenplatz sei ihm ohnehin sicher. Delegierte einer Wahlkreiskonferenz hätte man damit wahrscheinlich erfolgreich beeindrucken und zu einer Wahl von Nathanael

Liminski bewegen können. Aber die Entscheidung wurde in einer Mitgliederversammlung des Wahlkreises getroffen, mit 150 Teilnehmern – und der Überraschung: Gewählt wurde ein engagierter Kommunalpolitiker und Feuerwehrmann. Wahlberechtigt seien 1.000 CDU-Mitglieder des Wahlkreises gewesen, so ein Pressebericht.[131]

Auch die Fortsetzung sei berichtet: Nathanael Liminski konnte wohl auf einen sicheren Listenplatz seines CDU-Landesverbandes hoffen, aber strebte auch die Nominierung als Wahlkreiskandidat an. Da fügte es sich, dass die CDU in einem Kölner Wahlkreis einen Kandidaten suchte. Die Kölnische Rundschau berichtete:

„Von 21 Stimmberechtigten votierten 17 für Liminski und 4 gegen ihn, das entspricht 80,95 Prozent. Einen Gegenkandidaten gab es laut des Vorsitzenden des Stadtbezirksverbandes Ehrenfeld, Martin Berg, nicht, ... ‚Ich bin froh, dass wir einen prominenten Kandidaten gefunden haben.'"[132]

Bei 21 Stimmberechtigten kann man wohl eher von einer Delegiertenversammlung ausgehen. „Liminski tritt gegen zwei langjährige Landtagsmitglieder an: den früheren Kölner SPD-Chef Jochen Ott (47) und Arndt Klocke (50), Vize-Fraktionschef der Grünen im Landtag", so der Pressebericht weiter. Herr Liminski gewann den Kölner Stimmbezirk im Mai 2022 nicht. Auch sein Platz auf der CDU-Landesliste reichte nicht für den Einzug in den Landtag, da zu viele CDU-Kandidaten mit der Erststimme in den Landtag direkt gewählt worden waren. Aber: Herr Liminski wurde als Minister für Bundes- und Europaangelegenheiten, Internationales sowie Medien in das Kabinett von Ministerpräsident Hendrik Wüst berufen und blieb Leiter der Staatskanzlei.

Die Sach- und vor allem die Personalentscheidungen treffen Bezirks-, Landes- oder Bundesparteitage, meist mit Mandatsträgern unterschiedlicher Ebenen, die auch seit langem Delegierte sind.

Intransparente Nominierungsverfahren auch für Kanzlerkandidaten sind häufig kritisiert worden:

„Steinmeier, Steinbrück und Schulz sind zwar alle ordnungs- und satzungsgemäß durch Parteitage als Kanzlerkandidaten bestätigt worden, aber die maßgeblichen Personalentscheidungen vollzogen sich vorher und völlig undurchsichtig im allerkleinsten Kreise, ohne jede Mitwirkung der Parteimitgliedschaft."[133]

In der CDU wurde Laschet 2021 Kanzlerkandidat,

> „weil Wolfgang Schäuble und ein kleiner Kreis von führenden Christdemokraten ihn durchdrückten. ... Nicht nur *dass* Laschet Kandidat wurde, ist ein Problem, sondern *wie* er es wurde. Legitimation in Parteien entsteht heute von unten, nicht von oben. Wer eine Entscheidung in einem kleinen Zirkel erzwingt, muss damit leben, dass kaum jemand Plakate kleben will."[134]

Die Mitglieder von Parteien, Bürger und Medienvertreter scheinen diese vorherrschende Auswahlpraxis für „normal" zu halten – weil es formal korrekt abläuft, nach Satzung. So erscheinen Parteien und ihre Entscheidungszirkel weiter als geschlossene Gesellschaften. Einmischung und Ideen von außen, auch von Mitgliedern, erscheinen unerwünscht. Mehr Transparenz, mehr Beteiligung der Mitglieder zu fordern, wird intern als mangelnde Solidarität und öffentlich als Streit, Zerrissenheit und Führungsschwäche der Spitzen gebrandmarkt. Auch die Medien sollten sich stärker öffnen für die Normalität einer demokratischen Streitkultur.

Wir müssen lernen, dass Kritik, der Streit, der kontroverse Austausch von Interessen und Meinungen für die Demokratie nicht schädigend, nicht unsolidarisch sein muss. Der Ausgleich von Interessen und Meinungen muss zu fairen, transparenten Bedingungen erfolgen und durch eine breite Mitwirkung und wirksame Mitbestimmung der Betroffenen und Beteiligten geprägt sein – im Sinne von „Mehr Demokratie wagen!", wie es Willy Brandt in seiner Regierungserklärung 1969 gesagt hat. Die Offenheit, die aktive Nutzung und Verteidigung dieser Offenheit, der Mitbestimmung muss unser politisches System auszeichnen.

Viele Satzungen der SPD enthalten bereits heute die Möglichkeit der Kandidatenwahl durch Vollversammlungen. Sie sollte wo immer möglich genutzt werden! (Vgl. Kapitel 8, Urwahl – Die Mitgliederversammlung stärken).

– Für die Wahl von Kandidaten für Funktionen und Mandate müssen die Mitglieder wieder eine wirkliche Auswahl haben – von den Gremien hin zu den Mitgliedern! Die Mitglieder müssen sich gegen die Verkrustung der Partei auflehnen.
– Die Mitglieder müssen vor Ort und in der Region an der Formulierung von Wahlprogrammen beteiligt werden, damit nicht, wie von mir im Kreisvorstand erlebt, kurz vor der Kreistagswahl 1999 das Fehlen eines Wahlprogrammes festgestellt wird, aber sonst schon alles feststeht.

Die Aufforderung von Stéphane Hessel: „Empört Euch!"[135] muss ergänzt werden: Und mischt Euch ein – auch in Parteien! Bürger und Mitglieder von Parteien müssen Verantwortung übernehmen. Sie müssen ihre Freiheiten nutzen und verteidigen. Diese Freiheiten müssen in vielen anderen Ländern noch mit großen persönlichen Risiken für die Akteure erkämpft werden. Mit dem Eintritt in eine Partei übernimmt das Mitglied auch eine Mitverantwortung für diese Partei, sagte ein Mitglied in meinem Ortsverein.

Die Funktions- und Mandatsträger sollten sich ausweisen durch persönliche Integrität, fachliche und berufliche Erfahrung und eine kommunikative Kompetenz. Mit einem so geprägten Profil der SPD als Partei und ihrer Vertreter, gekennzeichnet durch Transparenz und Partizipationsangebote, könnte sie wieder glaubwürdig und authentisch herausstellen: Dafür stehen wir! Dafür stehen die Sozialdemokraten!

Eine ursprüngliche Idee des Verhältniswahlrechtes mit der Erst- und der Zweitstimme war wohl, dass die lokal und regional bekannten und profilierten Bewerber über die Erststimmen in die Parlamente einziehen können und fachlich besonders qualifizierte Bewerber, die aufgrund beruflicher Belastung nicht die Zeit für eine ausreichende lokale und regionale Profilierung haben, über die Zweitstimme in die Parlamente kommen.

Dies hat sich zunehmend in absurder Weise gewandelt. Auch für beruflich weniger erfolgreiche Mandatsträger geht es um die Absicherung ihres Mandates über die Landeslisten ihrer Parteien: Sie profilieren sich daher in Netzwerken als treue, gehorsame Gefolgsleute, um im Vorfeld der nächsten Wahl wieder als „gesetzt" zu gelten. Für keinen anderen Beschäftigungsbereich kämpfen diese Mandatsträger so intensiv, verbissen und häufig erfolgreich gegen befristete Beschäftigung wie bei der Verteidigung ihrer Parlamentsmandate.

Das so ausgewählte Führungspersonal der Parteien – nicht nur der SPD – definiert und profiliert sich häufig ausschließlich über die Mitarbeit und Ämter in der Partei, weniger über berufliche Erfahrungen und Erfolge außerhalb. Verlieren sie ihr Mandat, stehen manche wahrscheinlich vor dem Nichts. Es fällt schwer, bei diesen Personen von unabhängigen Abgeordneten zu sprechen.

Die Stärkung der Mitbestimmung der Mitglieder bei Personalentscheidungen gewinnt eine noch größere Bedeutung vor dem Hintergrund der geplanten Wahlrechtsänderung: Die bisherige Zweitstimme soll zur „Hauptstimme" befördert und die Erststimme zur „Wahlkreisstimme" abgewertet werden, was einschließt, dass je nach Hauptstimmenergebnis auch direkt gewählte Kandidaten nicht in den Bundestag einziehen. Zudem soll die Grundmandatsklausel entfallen. Der Wille der Wähler im betreffenden Wahlkreis würde ignoriert.

Wenn dieser Vorschlag zur Wahlrechtsänderung umgesetzt wird und die weitgehend intransparenten Auswahlverfahren für die Listenkandidaten der Parteien bleiben, würden sich die Parteien weiter von ihren Mitgliedern und von den Wählern „emanzipieren".[136]Unser Wahlrecht würde grundlegend verändert:

> „Denn das personalisierte Verhältniswahlrecht, aus dem das System mit Erst- und Zweitstimme hervorgegangen ist, hatte eben nicht allein eine gerechte Sitzverteilung im Parlament zum Ziel, sondern über die Wahlkreiskandidaten auch eine gewisse lokale Verbindung zwischen Wählern und Abgeordneten sowie über die Grundmandatsklausel die Chance, einzelne oder regionale Hochburgen einer Partei abzubilden – deshalb sitzt die Linke dank dreier Direktmandate gerade noch im aktuellen Bundestag und die CSU sowieso."[137]

Und es ist fraglich, ob die Wähler sich entlastet fühlen, wenn sie entsprechend einem weiteren Vorschlag nicht alle vier Jahre, sondern nur alle fünf Jahre den Bundestag wählen dürfen.

8 Für Reformen streiten!

In Krisensituationen, meist nach Wahlniederlagen, hat die SPD häufig versucht, sich als „lernende Organisation" zu präsentieren, hat nahezu reflexhaft Änderungen und Reformen angekündigt, natürlich Arbeitsgruppen und Kommissionen eingesetzt und auch eine stärkere Beteiligung ihrer Mitglieder angekündigt.

1993 wurde zum Beispiel berichtet, dass eine vom SPD-Vorstand eingesetzte Projektgruppe „SPD 2000" für die Auswahl der Kandidaten für Kommunal-, Landtags- und Bundestagswahlen eine „Urwahl" der Mitglieder vorgeschlagen hatte. Mit diesem Vorschlag habe man auf den Rückgang der Mitgliederzahl auf unter 900.000 reagieren wollen.[138] Der Bundesparteitag der SPD im November 1993 beschloss:

> „Mehrere und konkurrierende Bewerbungen für Ämter und Mandate hat es in unserer Partei schon immer gegeben. Sie gehören zu den Grundlagen demokratischer Kultur. ...
> Deshalb wird es den Vorständen der jeweiligen Ebene freigestellt, in wichtigen inhaltlichen Fragen und in Personalentscheidungen das Delegiertenprinzip durch das Votum der Mitglieder zu ersetzen."[139]

Die SPD hat auf Bundes-, Landes- und regionaler Ebene häufiger versprochen, Reformprozesse anzuschieben. Hier eine kleine Auswahl von Überschriften: „Demokratie braucht Partei. Die Chance der SPD", ein Beitrag des ehemaligen Generalsekretärs der SPD 2000[140], „NRWSPD 2001", ein Leitantrag zum Landesparteitag der NRW-SPD[141], „12 Thesen zur Erneuerung der SPD"[142] oder „Aus Fehlern lernen. Eine Analyse der Bundestagswahl 2017".[143]

Es bleibt der Kontrast: Bürger und Mitglieder beobachten seit langem einen Widerspruch zwischen Ankündigung und Umsetzung von Maßnahmen und Reformen durch die SPD-Spitzen auf unterschiedlichen Ebenen. Die Erfahrungen mit den Akteuren mindert das Vertrauen in deren Bereitschaft, Reformen wirklich anzustoßen – hier zwei prominente Beispiele, die nicht geeignet waren, Vertrauen aufzubauen:

Martin Schulz erhielt im März 2017 100 Prozent der Delegiertenstimmen des Bundesparteitages: Er wurde Parteivorsitzender und Kanzlerkandidat.

Die Delegierten, in großer Zahl Mandatsträger und Funktionäre, waren beeindruckt und beflügelt von den hohen Umfragewerten für Schulz und sahen in ihm den Garanten, ihre Bundestagsmandate zu sichern. Schulz versprach:

> „Heute erkennen viele Menschen nicht mehr, dass wir ein Teil von ihnen und die Vertreter ihrer Anliegen sind. Vielmehr sehen sie uns als Teil des ‚Establishments' an. ... Die SPD muss die Partei sein, die sich kümmert und die vor Ort präsent, ansprechbar, offen ist. Und die Lösungen anbietet, die das Leben der Menschen besser macht. ... Wir haben auf unserem Parteitag im Dezember den Grundstein für die Erneuerung der SPD gelegt. Wir müssen unsere Strukturen vor Ort wieder stark, besser: noch stärker machen. Die Ortsvereine sind und bleiben das Herz unserer Partei. ... Wir wollen unsere Mitglieder in Zukunft nicht nur bei Sach-, sondern auch bei Personalentscheidungen beteiligen."[144]

Als während des Wahlkampfes die Ankündigungen von Schulz nicht konkretisiert wurden, die Umfragewerte entsprechend stark sanken und Landtagswahlen 2017 verloren gingen, präsentierte sich Schulz nach der verlorenen Bundestagswahl 2017 doch wieder als Politiker, der dem vertrauten Klischee entsprach: Trotz seiner Ankündigung vor der Wahl, nie in ein Kabinett Merkel einzutreten, wollte er doch Außenminister werden und auch SPD-Vorsitzender bleiben. Diese Inkonsequenz führte wieder zu einer Entfremdung zwischen der Parteispitze, den Mitgliedern und auch Wählern.

Ein weiteres Beispiel dafür, wie Vertrauen in die Führung der SPD verspielt wurde: Zu Beginn seiner Amtszeit als SPD-Vorsitzender rief Sigmar Gabriel 2009 volksnah das Motto aus „Hingehen, wo es riecht und gelegentlich auch stinkt!" Aber auch Gabriel gelang mit seiner Ankündigung und Aufforderung ein Aufbruch der SPD nicht.

> „Die SPD erneuert sich – wieder einmal. Geschichte wiederholt sich nicht? Bereits 2009 hatte ein Vorsitzender namens Sigmar Gabriel die Mission Erneuerung ausgerufen. Aufgeprallt bei seinerzeit 23,0 Prozent auf den damals historischen Tiefstand wollte Gabriel die SPD mit neuem Schwung, neuen Inhalten stabilisieren, die Mitglieder stärker beteiligen, Diskussionen auch für Nicht-Mitglieder öffnen. Die SPD sollte Polit-Werkstatt werden, wieder raus ins Leben gehen ... Der SPD geht es so schlecht wie nie. Sie ist eine Volkspartei, von der sich das Volk mehr und mehr abwendet."[145]

Gabriel wurde 2020 Mitglied im Aufsichtsrat der Deutschen Bank.[146] Außerdem wurde 2020 bekannt, dass er einen Beratervertrag mit dem Fleischkonzern Tönnies hatte, ein Unternehmen, das wegen schlechten Arbeitsbedingungen in die Schlagzeilen geraten war.[147]

Die SPD ließ in schwieriger Lage 1993 und 2019 die Mitglieder mitbestimmen, wer den Vorsitz übernehmen sollte. Ansonsten bestimmen Delegierte eines Bundesparteitages immer ohne Voten der Mitglieder, wer den Vorsitz übernimmt.

Parteien verlieren an Glaubwürdigkeit, wenn Teilhabe und Mitbestimmung ihren Mitgliedern bei wichtigen Personalentscheidungen nur in Krisensituationen gewährt werden, zum Beispiel nach herben Wahlverlusten. Ein Beispiel lieferte auch die CDU, als sie nach der verlorenen Bundestagswahl 2021 die Mitglieder befragen ließ, wer den Vorsitz übernehmen sollte – nachdem Armin Laschet zuvor wie üblich in einer Delegiertenversammlung zum Vorsitzenden und dann wohl zunächst im begrenzten Kreis zum Kanzlerkandidaten bestimmt wurde.

> „Das ist für die Union wahrlich revolutionär. Mit Basisdemokratie hat die CDU bislang nur wenig am Hut gehabt. Durch die Mitgliederbefragung ändert sich das jetzt."[148]

Der Kommentator sieht nach der Mitgliederbefragung geradezu euphorisch eine gute Perspektive für die CDU, es sei vor allem klar:

> „Der neue Vorsitzende kann es eigentlich nicht wagen, diese Form der Beteiligung wieder aus dem Portfolio zu nehmen. Zu nachhaltig ist der Frust an der Basis, zu realistisch die Einschätzung über die Lage der Partei, und zu groß der Wunsch nach Veränderung, nach Mitsprache. Die Zeit einer reinen Funktionärs-Union scheint vorbei zu sein. Und das ist auch gut so. Denn anders funktioniert Partei heutzutage nicht mehr, wenn man zugleich neue Wählergruppen erschließen will. ... Nur zu! Denn damit verbunden sind große Chancen: So fördert man Potenzial, weckt Engagement und mobilisiert die eigenen Leute. Innerparteiliche Zufriedenheit ist ein hohes Gut, sie verleiht politisch sogar Flügel."[149]

Wurden die Parteimitglieder mal um ihre Meinung gefragt, war ihre Skepsis und Zurückhaltung jedoch meist groß: Bei den Mitgliederbefragungen zum Parteivorsitz lag die Beteiligung der SPD-Mitglieder 2019 bei gut 50 Prozent und in der CDU 2021 bei rund zwei Dritteln der Mitglieder. Für die CDU-Mitglieder war es eine neue Erfahrung und die Bereitschaft daher wohl etwas größer.

Die Öffnung der Partei nach innen muss verlässliche Mitwirkungs- und Mitbestimmungsmöglichkeiten für die Mitglieder schaffen – nicht nur formal, sondern auch im Erleben der Partei. Das ist ein wichtiger Schritt, die Partei auch für Bürger attraktiver zu machen und darüber eine stärkere Präsenz und Verankerung der Partei in der Gesellschaft zu erreichen. Das erfordert auch, Mitgliedern die Gelegenheit zur Meinungsbildung zu politischen Themen zu geben, *vor* den Entscheidungen in Parlamenten. Die SPD hat jetzt immerhin erste Schritte auf diesem Weg gemacht. Der Bundesparteitag 2019 hat mit dem überarbeiteten Organisationsstatut die Beteiligungsmöglichkeiten der Mitglieder deutlich ausgeweitet. Mitgliederbegehren und -entscheide zu Sachthemen können jetzt leichter genutzt werden, um strittige Fragen zu klären.

§ 13 (1) a) legt fest: Mindestens 1 Prozent der gesamten Mitgliedschaft der Partei aus 10 Unterbezirken aus 3 Bundesländern sind berechtigt, ein Mitgliederbegehren einzuleiten.

§13 (2) a) bestimmt: Ein Mitgliederentscheid findet aufgrund eines rechtswirksamen aber nicht stattgegebenen Mitgliederbegehrens statt.

§ 13 (3) eröffnet die Möglichkeit, ein Mitgliedervotum einzuholen. Es muss vom Parteivorstand mit Dreiviertelmehrheit beschlossen werden. Es kann auf allen Ebenen der Partei durchgeführt werden.

§ 13 (5) enthält einen neuen Zusatz: Auch im Vorfeld der Aufstellung von Kandidaturen und Spitzenkandidaturen zu öffentlichen Wahlen können jetzt Mitgliederbefragungen durchgeführt werden.[150]

Urwahl: Die Mitgliederversammlung stärken!

Für eine erfolgreiche Organisationsreform der SPD ist nach Ansicht von Mielke und Ruhose

„der konsequente Einbau plebiszitärer Strukturen in die Partei erforderlich. ... Dabei kommt der Demokratisierung der Führungsauslese eine zentrale Bedeutung zu."[151]

Auch der Politikwissenschaftler Frank Decker kommt zu dem Schluss:

„Die Parteiorganisationen müssen also nicht zwingend nach außen geöffnet, sondern die Arbeit innerhalb der Parteien attraktiver gestaltet werden. ... Das heißt: Urwahlen und Mitgliederentscheide sollten nicht mehr nur sporadisch und nach Gutdünken der Parteispitze eingesetzt werden, sondern feste Regel sein."[152]

Das Organisationsstatut der SPD im Bund bietet durchaus die Möglichkeit, im Rahmen von Mitgliederversammlungen Kandidaten zum Beispiel für Landtage und den Bundestag zu wählen. Auch in etlichen anderen Satzungen ist die Möglichkeit, Vollversammlungen entscheiden zu lassen, enthalten.

Sie sollte genutzt werden – oder es können Satzungsänderungen angestrebt werden. Im Organisationsstatut der SPD im Bund (11.12.2021) heißt es:

„§ 12 Aufstellung von Kandidaten/-innen:
(3) Wahlkreisvorschläge für Bundestag und Landtage werden durch die örtlich zuständigen Organisationsgliederungen im Benehmen mit dem Bezirks- bzw. Parteivorstand beschlossen.
(4) Soweit die Wahlgesetze und Satzungen nicht entgegenstehen, können die zuständigen Vorstände beschließen, dass Kandidatinnen und Kandidaten für Gemeindevertretungen, ein Direktwahlamt oder Parlamente von Vollversammlungen aufgestellt werden. ...
(7) Die jeweils zuständigen Vorstände können, soweit die Wahlgesetze und Satzungen nicht entgegenstehen, Richtlinien über das Verfahren zur Kandidatenaufstellung, z.b. über Fristen, Delegiertenschlüssel oder die Anwendung des Vollversammlungsprinzips, erlassen. Können mehrere betroffene Gliederungen keine Einigung über das Verfahren der Kandidatenaufstellung erzielen, so entscheidet der nächst höhere Vorstand im Rahmen der Wahlgesetze und des Satzungsrechts."[153]

In der Satzung des SPD-Landesverbandes NRW (4.10.2019) heißt es:

„§ 15 Aufstellung von Kandidaten/-innen:
(1) Die Aufstellung der Direktkandidat/innen für die Wahlen zum Bundestag und Landtag erfolgt in Unterbezirken, ... in einer gemeinsamen Vertreterversammlung der Delegierten der Ortsvereine."

Aber die Satzung verweist in diesem Paragraphen auch auf die Möglichkeit der Vollversammlung nach § 12 im Bundes-Statut der SPD:

„Wird die Aufstellung in einer Vollversammlung aller im Wahlkreis wahlberechtigten Mitglieder durchgeführt (§ 12 Abs. 4 OrgSt), so ist für jeden Wahlkreis eine gesonderte Versammlung durchzuführen."

Weiter heißt es:

„(3) Kandidaten und Kandidatinnen für die Räte der kreisfreien Städte oder Kreistage, sowie für das Direktwahlamt der Oberbürgermeisterin, des Oberbürgermeisters, der Landrätin oder des Landrates werden von den Delegierten der Ortsvereine im Unterbezirk aufgestellt. Die Aufstellung für Direktwahlämter kann auch in Vollversammlungen aller Mitglieder (§ 12 Abs. 4 OrgSt) im Unterbezirk erfolgen."[154]

Die Bonner SPD hatte sich schon vor einigen Jahren für die Kandidatenwahl in Form einer Mitgliederversammlung entschieden. Auch in der aktuellen Satzung der SPD Bonn (7.3.2020) heißt es:

„§ 10 Mitgliederversammlung
(1) Mitgliederversammlungen sind einzuberufen zur Wahl
– des/der Bundestagskandidaten/in
– der Landtagskandidaten/innen
– der/des Oberbürgermeisterkandidaten/in
– der Delegierten für die Bundes- und Landesdelegiertenkonferenz zur Europa-,
Bundes- und Landtagswahl und zur Nominierung eines/r Europakandidaten/in.
(2) Die Mitgliederversammlung stellt die Reihenfolge der Kandidat/-innen des Unterbezirks auf der Landesreserveliste für die Landtagswahl fest.
(3) Zusätzlich kann auf Antrag einer Hälfte der Ortsvereine oder einer 2/3 Mehrheit der UB-Vorstands-Mitglieder eine Mitgliederversammlung zu grundsätzlichen inhaltlichen Fragen einberufen werden. In diesem Fall ist eine politische Entscheidung für die Arbeit des Unterbezirks bindend."[155]

Wichtig und Vorbild für andere Kreisverbände und Unterbezirke ist, dass Mitgliederversammlungen die Delegierten für die Bundes- und Landesdelegiertenkonferenz zur Europa-, Bundes- und Landtagswahl und zur Nominierung eines/r Europakandidaten/in wählen und auch die Reihenfolge der Kandidat/-innen des Unterbezirks auf der Landesreserveliste für die Landtagswahl feststellen. Die Bonner Regelungen tragen den Willen der Mitglieder an der Basis in vorbildlicher Weise auf die höheren Organisationsebenen.

Erfreulicherweise gibt es auch in anderen Städten und Kreisen einige Initiativen in den SPD-Gliederungen, die Mitbestimmungsrechte der Mitglieder zu stärken, indem politische Sachentscheidungen, gelegentlich auch Personalentscheidungen, von den Delegierten- in Mitgliedervollversammlungen verlegt werden. Daraus könnte eine Bewegung werden, die die SPD belebt und stärkt.

Die Entscheidung zu einer Mitgliederversammlung steht auch im Einklang mit dem Gesetz über die politischen Parteien (Parteiengesetz), wo es in § 8 (1) heißt:

„Mitgliederversammlung und Vorstand sind notwendige Organe der Partei und der Gebietsverbände. Durch die Satzung kann bestimmt werden, daß in den überörtlichen Verbänden an die Stelle der Mitgliederversammlung eine Vertreterversammlung tritt, deren Mitglieder für höchstens zwei Jahre durch Mitglieder- oder Vertreterversammlungen der nachgeordneten Verbände gewählt werden."

Diese Kann-Bestimmung des Parteiengesetzes, Vertreterversammlungen zuzulassen, ist leider häufig der Standard.

Wenn Initiativen von Mitgliedern und Ortsvereinen erfolglos bleiben, über Anträge zu den Kreisparteitagen eine Änderung der Entscheidungsverfahren mit dem Ziel zu erreichen, Kandidaten für den Bundestag oder die Landtage in Mitgliederversammlungen in den Wahlkreisen zu wählen, bleibt der Weg über Mitgliederbegehren und Mitgliederentscheide. Dieser Weg ist aufwendiger, anspruchsvoller, aber mit Unterstützern aus anderen Ortsvereinen der jeweiligen Wahlkreise erfolgversprechend. Nicht nur das erreichbare Ziel lohnt den Einsatz. Auch auf dem Weg zum Ziel lassen sich sicher viele Mitglieder mobilisieren. Auch in Parteien wird die Mitbestimmung der Mitglieder wohl nicht einfach „gewährt", sondern muss erstritten werden.

Wichtig wäre auch, die Mandatszeiten der Delegierten zu den Parteiversammlungen der höheren Ebenen zu begrenzen, damit Wechsel tatsächlich stattfinden können und nicht Delegierte ihr Mandat über Jahrzehnte ausüben. Auch in den Parlamenten sollte die Mandatszeit begrenzt werden, damit Wechsel stattfindet und deren Zusammensetzung entsprechend der Gesellschaft repräsentativer wird.

Die Mitglieder sollten alle rechtlichen und satzungsmäßigen Möglichkeiten nutzen, neue Vertreter der SPD auf verschiedenen Ebenen zu wählen. Die Mitglieder müssen die Entscheider in den Parlamenten bestimmen. Sie müssen die schon beschriebenen Klüngelstrukturen, die bisher häufig abgeschotteten Entscheidungsprozesse aufbrechen, mehr Transparenz fordern und durchsetzen. So könnte die SPD auch vor Ort ein deutliches und vermittelbares Profil entwickeln und mit neuem Selbstbewusstsein Einfluss auf Sach- und Personalentscheidungen „oben" nehmen.

Es mangelte nicht an wichtigen Ideen und Beschlüssen oben, auf der Ebene der Bundesparteitage. Es mangelte meist an der Umsetzung unten. Man sollte nicht verkennen, dass das Interesse an einer Öffnung der Partei nicht bei allen Funktions- und Mandatsträgern stark ausgeprägt ist – nicht nur in der SPD. Hier liegt wahrscheinlich auch ein Grund, warum die häufig „oben" propagierten und beschlossenen Reformen vor Ort und in der Region nicht erfolgreich waren und entsprechende Papiere in den Archiven landeten. Durch die Umsetzung der „oben" angekündigten und beschlossenen Reformen würden wahrscheinlich auch Mandate und Positionen zur Disposition gestellt.

Das heißt: Initiativen und Initiatoren von Reformen mit dem Ziel einer breiteren Mitwirkung und Mitbestimmung der Mitglieder bei der programmatischen Profilierung und besonders bei der Personalauswahl müssen vor Beginn ihrer Reforminitiativen Unterstützer sammeln.

Wichtig: Der häufig geforderte Respekt vor den Menschen als Leitziel der SPD muss auch für Mitglieder gelten: Sie dürfen sich nicht zum Beispiel als „demokratische Kulisse" für meist vorab getroffene Personalentscheidungen missbraucht fühlen.

Durch einen transparenten Meinungsaustausch und Möglichkeiten der Meinungsbildung kann dem Primat der Politik wieder Geltung verschafft werden. So würden Parteien Vertrauen zurückgewinnen und Behauptungen der Vertreter von Verschwörungserzählungen im Internet ins Leere laufen lassen. Es könnte ein Schritt weg von einer Art Stimmungsdemokratie werden, befeuert vor allem in den „sozialen" Medien, hin zu einem sachlichen Austausch und zu begründeten, vermittelbaren politischen Entscheidungen. Stimmungen wirken in der Regel nur einen Moment, eine befristete Zeit. Dem müssen Konzepte und Strategien entgegengestellt werden. Und der häufig feststellbare Gegensatz von politischen Ankündigungen und politischem Handeln muss überwunden werden – das gilt nicht nur für die SPD.

Reformen an der Basis

Die Sozialdemokraten vor Ort können und müssen einen aktiven Beitrag zur Wiederbelebung eines sozialdemokratischen Profils leisten. Die SPD vor Ort darf nicht in der Haltung verharren, auf Rückenwind von oben zu hoffen oder Gegenwind von dort nur hinzunehmen.

Der Bundesparteitag der SPD 2019 hat wichtige neue Beteiligungsrechte und -möglichkeiten beschlossen, Mitgliederbegehren und Mitgliederentscheid können leichter initiiert werden, Mitgliedervoten sind möglich. Sie bieten Chancen zur Profilierung unten, in den Ortsvereinen, Kreisverbänden und Unterbezirken. Das Delegiertenprinzip, das laut Parteiengesetz eigentlich die Ausnahme sein soll, könnte überall dort direkt abgeschafft werden, wo die Satzungen dazu bereits schon die Möglichkeit bieten.

Das heißt auch, dass Ortsvereine wieder zu lebendigen Vereinen werden können mit regelmäßigen Treffs und dem Austausch zu politischen Themen, um sich auch stärker in die jeweilige Stadtgesellschaft einzubringen. Sie sollten wieder zu Initiatoren politischer Debatten in der Partei und in der Stadt- und Gemeindegesellschaft werden. Die Ortsvereine dürfen nicht auf die Funktion des Dienstleisters ihrer jeweiligen Fraktion im Parlament reduziert werden – sich reduzieren lassen. Sie müssen wieder stärker als Vertreter der SPD in den Städten und Gemeinden erkennbar sein, neben ihren Ratsfraktionen.

Die Mitglieder der Parteien, auch der SPD, sind näher an den Themen, Sorgen und Wünschen der Nachbarn und Bürger dran: Das Heizungsgesetz bedrängt und verunsichert die Bürger, die ehrenamtlichen Helfer der Tafeln müssen zurzeit einen enormen Ansturm bewältigen und die Kommunen werden bei der Unterstützung von Flüchtlingen völlig überfordert. Hier sind Bürger, die angesprochen werden sollten und deren Kritik, Forderungen und Wünsche auch in Richtung Abgeordnete und Fraktionen in Bundestag und Landtage kommuniziert werden müssen. So hatte die SPD früher Bürger motiviert, Stammwähler zu werden.

Mein aktueller Ortsverein bietet seit dem Herbst 2022 zum Beispiel einen SPD-Mitglieder-Stammtisch an. Sicher gibt es auch in anderen Orten und Regionen ähnliche Angebote, die den Mitgliedern wieder stärker einen politischen Austausch ermöglichen. Ein Ansatz wäre auch, in den Ortsvereinen die Erfahrungen und Interessen der verbliebenen Mitglieder zu erfragen. Auf der Basis der Antworten könnten zum Beispiel Angebote entwickelt werden: Veranstaltungen, an Themen orientierte Projektgruppen oder online-Kommunikation. Mit Blick auf die Alterszusammensetzung der Mitglieder wird sicher auch ein häufiger persönlicher Austausch gewünscht. Mit Präsenzveranstaltungen im Stadtteil, in Stadt oder Kreis sind zu den Themen sicher nicht nur Mitglieder zu erreichen, sondern auch Nichtmitglieder, Nachbarn – die sich vielleicht zu einer Mitgliedschaft entschließen können. Hier bietet sich auch die Chance, Reformen und neue Beteiligungsformen konkret zu machen.

Die Partei sollte auch vor Ort wieder zur Bewegung werden – in Kooperation mit engagierten, reformorientierten Bürgern in anderen Organisationen wie den Gewerkschaften oder Kirchen. Das wäre eine Chance, die ergriffen werden sollte.

Mitglieder, die beruflich und familiär stark beansprucht sind, könnten durch hybride Veranstaltungen erreicht werden, eine Kombination aus Präsenz- und online-Veranstaltung.

Ortsvereine können Präsenz in der Stadt- und Gemeindegesellschaft zeigen durch

- Veranstaltungen zu wichtigen Themen – von Kinderarmut über Schulprobleme, Heizungsgesetz bis zu Straßenbaubeiträgen – auch mit Beteiligung von Gewerkschaften, Vereinen, Kirchen, Initiativgruppen zur Unterstützung von Flüchtlingen, Bürgerinitiativen,
- Präsenz zum Beispiel in Wohngebieten mit geringer Wahlbeteiligung,
- Angebote der politischen Bildung, zum Beispiel für junge Mitglieder und Interessenten für eine Kandidatur für kommunale Parlamente.
- Werbung durch Ansprache bestimmter Zielgruppen für eine Mitgliedschaft in der SPD.

Aus der schon genannten von der Friedrich-Ebert-Stiftung 2023 veröffentlichten Studie möchte ich zwei Beispiele nennen, die besonders für das Engagement unten, vor Ort wichtig sind.

- *„Orte der Begegnung schaffen.* Der Zusammenhalt ist auch ein kulturelles Thema. ... Soziale Demokratie setzt den gesellschaftlichen Austausch voraus. Die Angehörigen unterschiedlicher Milieus und Lebenswelten müssen sich füreinander interessieren, ihre eigenen Erfahrungen mit anderen teilen können. Der am besten dafür geeignete Ort ist die Kommune. ...
- *Gestaltungsmöglichkeiten schaffen.* Damit die Menschen die Kommune als ihre Heimat betrachten, müssen sie an deren Entwicklung und Gestaltung mitwirken können. Beteiligung und Teilhabe werden durch die jetzt anstehenden Herausforderungen der sozio-ökologischen Transformation noch mehr zum Gebot der Stunde – in der Kommune, aber auch auf anderen politischen Ebenen. ... Das Zusammenführen von Politik, organisierten Interessen und Zivilgesellschaft auf kommunaler Ebene schlägt zugleich die Brücke zur Staatlichkeit auf nationaler bzw. supranationaler Ebene."[156]

Hier engagiert einzusteigen, könnte die SPD nicht nur vor Ort wieder auf den Weg zur Volkspartei bringen, sondern die lokalen Akteure auch ermutigen und ihnen die notwendige Kraft verleihen, mit Nachdruck und Erfolg die Umsetzung wirksamer Reformen auf den höheren Organisationsebenen zu fordern, zu erstreiten und zu erreichen.

Mitgliederwerbung

Die Partei sollte sich nicht nur stärker öffnen, sondern auch aktiv Mitglieder werben, besonders jüngere. Aktuell haben 55 Prozent der SPD-Mitglieder das Alter von 60 Jahren überschritten, und nur rund 9 Prozent sind jünger als 30 Jahre (Stand 31.12.2021).[157]

Aber seit der Bundestagswahl 2021 gibt es in der Fraktion sehr viele junge Mitglieder. Diese Abgeordneten sind sicher in vielen Fällen nach bislang bewährtem Muster über die jeweiligen Landeslisten in den Bundestag eingezogen. Sie sollten sich mit ihrer Erfahrung als Hoffnungsträger und in der Verantwortung sehen, in ihren Wahlkreisen aktiv und wirksam für Reformen der SPD einzutreten und zu streiten – und damit auch Mitglieder werben.

Um mehr Bürger für Parteien zu interessieren, zur Beteiligung an den Wahlen zu ermuntern, müssen die Parteien wieder aktiver Teil der Gesellschaft werden, besonders auch in den Wahl- und Stimmbezirken, in denen die Wahlbeteiligung rückläufig ist. Das gilt besonders für die SPD. Sie braucht eine Wiederbelebung ihrer früheren Präsenz. Die Mitglieder sollten sich wieder stolz als Sozialdemokraten bekennen können, auch wieder Ansprechpartner in ihrer Nachbarschaft werden können. Das fiel und fällt vielen Mitgliedern seit Jahrzehnten schwer, vor allem wegen des medial vermittelten Bildes der SPD, wie oben beispielhaft geschildert.

Auch wenn das aktuelle Erscheinungsbild der Parteien meist nicht einer „Mitmachpartei" entspricht, sind in der SPD Kritik und Forderungen nach mehr Informationen, Mitwirkung und Mitbestimmung trotzdem erkennbar – und müssen unterstützt werden. Manchmal gewinnt man den Eindruck, dass es nicht nur in der Gesellschaft insgesamt brodelt, wie Oskar Negt schrieb, sondern auch in der SPD.

Es braucht Beharrlichkeit und Mut, Mitbestimmung bei sachlichen und personellen Fragen durchzusetzen. Aber es geht und kann für Menschen eine Ermutigung werden, Mitglied der Partei zu werden. Das könnte auch für andere Parteien gelten.

Das aktuelle Problem: Es fehlen – im Unterschied zu den 1970er Jahren – seit Jahrzehnten die Zugänge von neuen Mitgliedern. Es gibt auch erkennbar wenig Initiativen der SPD-Spitzen vor Ort und in der Region, neue Mitglieder zu werben.

Der neue Bundesgeschäftsführer der SPD, Kevin Kühnert, startete 2023 den „Mitglieder-Challenge" mit dem Ziel, bis Ende des Jahres 30.000 neue Mitglieder zu werben. Mitte Juli lag die Zahl der im Rahmen der Kampagne neu geworbenen Mitglieder noch sehr deutlich unter der Zielmarke. Es wurden Gewinne in Aussicht gestellt: „Schaffst Du es sogar in die Top 20, kannst Du eine Reise ins politische Berlin, einen Besuch von mir in Deinem Unterbezirk, eine Reise zum nächsten Bundesparteitag oder SPD-Pullover und Tassen gewinnen." Aber: Politiker und ihre Politik sollten Ansporn für Mitglieder sein, neue Mitglieder für die SPD zu werben! Nicht der Gewinn eines SPD-Pullovers!

Die älteren und unzufriedenen Mitglieder, die Peter Brandt mal als „größte Arbeitsgemeinschaft in der SPD"[158] bezeichnet hat, und die vielleicht keine eigenen Ambitionen mehr haben, Funktionen und Mandate anzustreben, könnten sich mit ihren Erfahrungen in einen Reformprozess einbringen. Die Alten von heute waren häufig die aktiven Jusos der 1970er Jahre. Viele wissen, wie man Veränderungen anschieben kann.

Heute sind viele SPD-Mitglieder in Rente und – besonders im Umland von Bonn – in Pension, die viel wissen, die dies auch kundtun. Hier und jetzt könnten und sollten sie eingreifen und sich engagieren, damit die SPD nicht in die Bedeutungslosigkeit steuert, wie andere Schwesterparteien in Europa. Diesen Dienst sollten sie ihrer Partei, die sie häufig gefördert hat, leisten, damit diese wieder zu einer politischen Bewegung und politischen Heimat wird – auch für die Supermarktkassiererin und den Handwerker und für Kulturschaffende und Intellektuelle.

Seit längerem bilden die SPD-Wähler ab sechzig Jahre eine vergleichsweise starke und verlässliche Gruppe. Entsprechend sollte sich die Kommunikationsstrategie der SPD auch auf deren Informationsgewohnheiten einstellen, ergänzend zu den Konzepten zur Ansprache von jüngeren Bürgern. Der Austausch „unten", vor Ort, kann und sollte wieder ein wichtiges Element werden, die SPD gemeinsam zu beleben – sie vielleicht als Volkspartei wiederzubeleben.

Mitglieder, aber auch weitere Bürger sollten die Zuschauerränge verlassen, ihre Kritik an den Parteien nicht von der Couch aus dem Fernsehgerät entgegenschleudern oder Wutmeldungen über die neuen Medien verbreiten, sondern sich einmischen – am besten *in* den Parteien. Der Schritt von der Couch in die Öffentlichkeit, auf die Straße wäre ein Anfang. Der nächste wäre die Mitwirkung in den Parteien.

Der digitale Austausch im Internet mit Gleichgesinnten ist sicher eine gute Ergänzung. Dieser Austausch ersetzt aber nicht den persönlichen Kontakt untereinander, mit Parteimitgliedern, Kommunal-, Landes- oder Bundespolitikern. Der direkte, auch kontroverse Austausch kann zu mehr gegenseitigem Respekt und Toleranz führen.

Durch den persönlichen Kontakt könnten die Bürger die Möglichkeiten kennenlernen, in und mit Parteien eigene politische Ziele umzusetzen – und auch eigene Vorstellungen kritisch zu hinterfragen. Gerade die engagierten Bürger, die sich für Geflüchtete oder Opfer von Katastrophen einsetzen oder sich bei Tafeln engagieren, können mit großem Selbstbewusstsein ihre Erfahrungen und Vorstellungen in die Parteien einbringen – auch mit dem Ziel, ihre ehrenamtliche Arbeit vor Ort zu unterstützen.

Natürlich wird es auch weiterhin Bürger geben, die sich darauf beschränken, vor dem Fernseher oder in der Kneipe *die* Politiker als inkompetent, unehrlich oder gar korrupt zu beschimpfen. Der eine oder die andere mag auch nach jemandem rufen, der „aufräumt". Diese Bürger sind sicher schwerer für die Parteien erreichbar.

Deshalb sollten vor allem die engagierten Bürger angesprochen werden: Gewerkschafter, Schülersprecher, Vereinsmitglieder, ehrenamtliche Feuerwehrleute, Unterstützer von Tafeln oder von Geflüchteten. Das würde die Nachbarschaften beleben und die Parteien wieder ins Zentrum der Gesellschaft rücken.

Früher hatten sich Kulturschaffende und Intellektuelle zu einer SPD-Wählerinitiative zusammengefunden. Wenn die SPD wieder für eine zielgeleitete Bewegung stünde, wieder eine vor Ort vernetzte Volkspartei würde, dann würde sie vielleicht auch wieder von Kulturschaffenden, von prominenten Nichtmitgliedern unterstützt. Das wäre auch heute eine Chance, ein Aufbruch auch für die politische Kultur in Deutschland. Und eine Antwort auf rechtsextreme, nationalistische Gruppierungen.

Durch ein kommunalpolitisches Engagement

– lernt man seine Gemeinde, seine Stadt besser kennen, lernt Probleme besser zu- und einzuordnen und Lösungschancen besser einzuschätzen,

- übernimmt man seltener abschätzige Kommentare und Vorurteile, sondern lernt viele engagierte Kommunalpolitiker kennen, die Respekt und Anerkennung verdienen – auch wenn sie anderen Parteien angehören,
- lernt man auch Fehlverhalten und Versuchungen für Fehlverhalten in der Kommunalpolitik und Kommunalverwaltung kennen und kann sich frühzeitiger und sachkundiger dagegen wenden,
- lernt man die Gemeinde und Stadt nicht nur in der engeren Nachbarschaft, sondern darüber hinaus kennen, auch als eine wichtige Ergänzung zur Medienberichterstattung.

Es wäre wichtig, wenn zumindest die weiterführenden Schulen ihre Schüler mit ihrer Stadt, der Verwaltung und ihren Politikern vertraut machen könnten, um sie auch für ein Engagement in ihrer Stadt und ein kommunalpolitisches Engagement zu motivieren. Die Durchführung von jährlichen Jugend- und Schülerparlamenten kann hier nur ein Baustein sein.

Neue Medien als Ersatz oder Ergänzung?

Die abnehmende Präsenz vor Ort wird versuchsweise kaschiert durch die Arbeit an einem modernen Image: Wir sind in den „sozialen" Medien präsent! Die Präsenz in den „sozialen" Medien wird die persönliche Präsenz vor Ort, den persönlichen Kontakt jedoch nicht ersetzen können.

Wie oben schon ausgeführt, bieten die neuen Medien ein Mehr an Informationen, aber mit sehr unterschiedlicher Qualität. Journalistische Standards spielen hier weitgehend keine Rolle. Mehr Informationen bedeuten erkennbar nicht mehr Mitbestimmung der Bürger oder der Mitglieder von Parteien. Oskar Negt schreibt, der Mensch habe zwar mehr Informationen zur Verfügung, aber das eigentliche Problem des Lernens und der Bildung sei heute nicht mehr die Zahl der Informationen, sondern die Fähigkeit, Informationen zu verarbeiten. Hier habe die Erwachsenenbildung eine zentrale Funktion und Aufgabe.[159]

Das Problem: Weder die schulische noch die außerschulische politische Bildung sind ausreichend materiell und personell dafür ausgestattet, die Medienkompetenz der Schüler und Bürger zu stärken.

Die neuen oder sozialen Medien, wie sie häufig genannt werden, finden als Zugang zu Informationen besonders bei jungen Bürgern zunehmend Zuspruch. Und sie nehmen auch zunehmend Einfluss auf das Bild der Parteien. Ein anschauliches Beispiel: Der Film „Die Zerstörung der CDU" von Rezo, der 2019 auf dem Online-Videoportal YouTube veröffentlicht wurde. Wilhelm Hofmeister hebt die Bedeutung der neuen oder sozialen Medien hervor:

> „Die sozialen Medien bestimmen mittlerweile maßgeblich die Themen, die auf der politischen Tagesordnung erscheinen und die öffentliche Debatte beherrschen. Diejenigen Führungspersönlichkeiten, welche die sozialen Medien geschickt nutzen, können auf diesem Weg einen großen Einfluss auf die Agenda der Öffentlichkeit und ihre Prioritäten ausüben. ... Der Klimaschutz ist dafür ein gutes Beispiel."[160]

Die große Wirkung der vom ehemaligen US-Präsidenten Trump vor allem über die in Internetmedien verbreitete Lüge von der gestohlenen Wahl macht auch die Gefahr des Missbrauchs der neuen Medien deutlich.

Die neuen internetbasierten Medien bieten den Zugang zu einem breiteren Informationsangebot und könnten sich auch als Chance für politisches Engagement erweisen. Kritisch zu fragen ist aber bei diesem Medienangebot nach der Herkunft der Informationsinhalte und der Faktensicherheit. Vor allem die Medienkompetenz der Bürger muss gestärkt werden, um damit die politische Orientierung und Meinungsbildung der Bürger zu unterstützen.

In einer Studie zu sozialen Medien wurde deutlich, dass sie häufig sehr unkritisch konsumiert werden. Es fehle oft an konkreten Kenntnissen und Fähigkeiten, um unabhängige Informationen etwa von Werbung zu unterscheiden oder Interessenkonflikte der Autoren von Artikeln auszumachen, teilte die Stiftung Neue Verantwortung mit. Die Autoren der Studie nennen als ein zentrales Ergebnis, dass Unterschiede zwischen Desinformation, Information, Werbung und Meinung zum Teil nur schwer erkannt würden. Nur 23 Prozent der Befragten identifizierten der Erhebung zufolge eine als Werbung gekennzeichnete Angabe auch als Werbung. 56 Prozent hielten die Angaben fälschlicherweise für eine Information.[161]

Gelegentlich haben SPD und CDU über online-Befragungen ihrer Mitglieder ein Meinungsbild zu Personalentscheidungen eingeholt, als Empfehlung für die jeweiligen Parteitage. Die digitalen Möglichkeiten werden künftig die Mitgliederbeteiligung erleichtern. Politische Botschaften der SPD werden heute auch über Facebook und Instagram, Youtube, Twitter und Telegram verbreitet. Im Messengerdienst Telegram ist es möglich, direkt ins Gespräch kommen. Für Ortsvereine mit geringerer Mitgliederzahl wird die Möglichkeit zum Aufbau von online-Angeboten vielleicht begrenzt sein. Hier könnten aber Mitglieder mit entsprechender Berufserfahrung helfen und vor allem die regionalen Geschäftsstellen der SPD, die dafür von anderen Aufgaben entlastet werden sollten.

Rat und Hilfestellungen können die entsprechenden Fachbereiche der Parteizentralen, aber auch die politischen Stiftungen geben, zum Beispiel die Friedrich-Ebert-Stiftung oder die Konrad-Adenauer-Stiftung, die u. a. umfangreiche online-Angebote im Bereich der politischen Bildung machen.

Viele Personen, Gruppen, Unternehmen, Regierungen versuchen offensichtlich, über die neuen Medien die politische Meinungsbildung zu beeinflussen. Diese Manipulationsversuche konnten bisher nicht oder kaum durch die Vorgabe journalistischer Standards durch Einrichtungen wie z. B. die Landesmedienanstalten in Deutschland eingedämmt werden.

Umso wichtiger sind schulische und außerschulische Bildungsangebote, um die Medienkompetenz der Bürger zu stärken – und der direkte, persönliche Kontakt zu Parteien und Politikern vor Ort, um Vertrauen wieder aufzubauen.

Einige Rahmenbedingungen für Reformen

Politiker aller Parteien, in Regierungsverantwortung und in den Parlamenten auf allen Ebenen, müssen Reformen glaubwürdig durch einige wichtige Beschlüsse und Maßnahmen unterstützen, und damit auch die Reforminitiativen ihrer Parteifreunde vor Ort:

– Im Vorfeld einer Wahl zum Parteivorsitz der SPD auf Bundes-, Landes- und Bezirksebene sollte künftig grundsätzlich eine Mitgliederbefragung durchgeführt werden.
– Die von Gremien bzw. Parteitagen festgelegte Reihenfolge der Listenplätze für Wahlen müsste nach der Wahl je nach jeweils erreichten Erststimmen gewichtet und angepasst werden. Das würde die Kandidaten motivieren, sich stärker in ihren Wahlkreisen zu engagieren. Heute findet der Kampf um die Listenplätze hauptsächlich in den Gremien und kleinen

Netzwerken statt. Wer dort einen vorderen Listenplatz erhält, ist quasi „gesetzt" und sicher im jeweiligen Parlament – hat sich quasi vom Votum der Wähler „emanzipiert". Den Wählern hier mehr Einfluss zu geben, würde sicher auch einen positiven Einfluss auf die Wahlbeteiligung haben.

– Umzusetzen ist eine größere Transparenz und stärkere Begrenzung des Lobbyismus durch ein öffentliches Lobbyregister auf allen Ebenen, von den Kommunen bis zum Bund und zum Europäischen Parlament.

– Eine wirksame Korruptionsbekämpfung muss auch in der Kommunalpolitik durch eine stärkere Dosis Demokratie erfolgen, durch eine stärkere Unberechenbarkeit für die Akteure aufgrund befristeter Ämter und Mandate und eine stärkere Bürgerbeteiligung. Durch stärkere Transparenz und durch Offenlegung von Nebeneinkünften von Mandatsträgern konnten schon Fortschritte erreicht werden.

– Zu überlegen wäre auch, die wohnortbezogene Organisationsstruktur durch themenbezogene Arbeitsgruppen zu ergänzen und zu stärken. Sie könnten leichter an den vielfältigen Bedürfnissen und Fähigkeiten einzelner Mitglieder anknüpfen und zum Beispiel eine projektorientierte Arbeit entwickeln.[162] Die SPD hat jetzt auf Bundesebene Online-Themenforen eingerichtet.[163] Auf dem Bundesparteitag 2019 wurde beschlossen, dass sie als Ergänzung zu den bestehenden Strukturen eingerichtet werden sollen, um die Beteiligung an Diskussionen zu erleichtern. Mit diesem Angebot lassen sich auch interessierte Bürger ansprechen und neue Mitglieder gewinnen.

– Eine lebensnahe schulische und außerschulische politische Bildung muss gefördert werden. Politische Bildung sollte auch stärker in und mit den Parteien stattfinden, um dem Auftrag des Grundgesetzes zu entsprechen, an der politischen Willensbildung mitzuwirken. Kandidaten für Parlamente sollten nicht nur während der Wahlkämpfe den Dialog mit Schülern suchen, sondern auch darüber hinaus im Austausch bleiben, um Schüler zum politischen Engagement und zur Mitarbeit in Parteien zu ermuntern. Politische Bildung vermittelt nicht nur Informationen, sondern fördert den Austausch über Informationen, stärkt die Medienkompetenz, das Selbstbewusstsein der Bürger – und auch die Bereitschaft zum Engagement. Eine lebensnahe politische Bildung, von den Schulen, Volkshoch-

schulen, Parteien, Gewerkschaften, Kirchen und anderen Organisationen, kann spontanen, vorübergehenden Anhängern von Protesten ein Angebot zur Entwicklung bieten, sie zu informieren, zu selbstbewussten Bürgern machen – nicht bloß zu „Wutbürgern".
- Direkt im Wahlkreis gewählte Kandidaten gehören dem Parlament an. Der vorgelegte Entwurf zur Änderung des Wahlrechtes, der die bisherige Erststimme als „Wahlkreisstimme" gegenüber der bisherigen Zweitstimme, jetzt „Hauptstimme", abwertet, ist in der bisherigen Form sehr problematisch.
- Zu überprüfen ist die Notwendigkeit der Berufung von inzwischen sehr vielen parlamentarischen Staatssekretären und Staatsministern. Die Aufgabe der Parlamentarier ist es, die Regierungen zu kontrollieren, nicht Teil der Regierung zu werden. Auch die stark ansteigende Zahl der Bundesbeauftragten für ein sehr breites Spektrum von Themen ist kritisch zu hinterfragen. Es ist auch hier mit dem Prinzip des unabhängigen Abgeordneten nicht vereinbar, dass von über 40 Bundesbeauftragten fast die Hälfte Mitglieder des Bundstages sind. In der Öffentlichkeit könnte der Eindruck entstehen, dass Parteifreunde, die nicht Minister wurden, mit hoch dotierten Ämtern bedient werden.

Oskar Negt weist darauf hin, dass die Demokratie nicht aus sich heraus funktioniert, auch nicht, wenn sie über die besten Institutionen und rechtlichen Regelungen verfügt:

> „Demokratie ist die einzige politisch verfasste Gesellschaftsordnung, die gelernt werden muss – nicht ein für allemal, so als könnte man sich einen gesicherten Regelbestand anlegen, der für das ganze Leben ausreicht, sondern immer wieder, in tagtäglicher Anstrengung und bis ins hohe Alter hinein."[164]

Demokratie muss immer wieder gelernt werden und sie muss auch immer wieder erstritten werden. Das politische System der repräsentativen parlamentarischen Demokratie bedarf auch immer wieder der Verteidigung und der Reform. Es sind transparente Regeln, Institutionen und Maßnahmen notwendig – von einer unabhängigen Justiz bis zur Pressefreiheit –, es sind Demokraten notwendig, um einen erfolgreichen Ausgleich unterschiedlicher Interessen zu erreichen und auch zu erstreiten. Parteien müssen im fairen Wettbewerb untereinander die Akteure sein, die das gewährleisten, die für sozialen Ausgleich und für politische Stabilität sorgen.

Die Praxis zeigt, dass das Prinzip der *repräsentativen* Demokratie zunehmend doppelt bedroht ist: Zum einen durch den zum Teil starken Rückgang der Wahlbeteiligung und zum anderen durch die zunehmend intransparente Auswahl der Kandidaten für die Parlamente, und dass auch Parteien unterschiedlichen wirtschaftlichen, politischen und persönlichen Interessen einzelner Akteure ausgesetzt sind, die teilweise kein Interesse an einem fairen Ausgleich der Interessen oder an transparenten Entscheidungen haben. Diesen Akteuren dürfen die Parteien nicht zum eigenen Nutzen überlassen werden. Dem müssen und können sich die Mitglieder und Bürger wirksam entgegenstellen.

9 Die Bürger müssen sich einmischen!

Mein Resümee aus dem Erlebten ist: Wir müssen uns ehrlich machen, wir sind keine Volkspartei mehr, wie wir es mal waren. Die Auftritte mancher unserer SPD-Vertreter in unserer Region haben für mich manchmal den Anschein von Autosuggestion: Wir sind eine Volkspartei! Einige Politiker gehen offensichtlich offline, sie verlieren den Kontakt zu Mitgliedern, Bürgern und Wählern. Sie sind häufig auf ihre Netzwerke und Cliquen fixiert.

Die politischen Parteien sind in eine Krise geraten: Schwindende Mitgliederzahlen und – zum Teil stark – rückläufige Wahlbeteiligung bedeuten zumal für die ehemals großen Volksparteien eine Legitimationskrise. Verschärfend tritt hinzu, dass politisch-personelle Strukturen vor Ort und besonders in der Region wie auch die Politikstile eine wachsende Zahl von Mitgliedern entmutigen, sie in die Rolle des passiven Mitglieds oder zum Austritt drängen. Es hatten und haben sich Netzwerke von Beziehungen entwickelt, die sich wie Flechtwerk über die Parteien legen, Engagement und Beteiligung behindern.

Mein Resümee aus dem Erlebten ist auch: Beim stillen oder offenen Rückzug von Mitgliedern von „geändertem Freizeitverhalten" zu reden, geht sowohl an der erlebten Parteirealität wie an den Zielen der Mitglieder vorbei: Sie *wollen* sich engagieren.

Notwendig ist daher zunächst, dass die Parteien sich stärker gegenüber ihren Mitgliedern – nach innen! – öffnen, um durch die Öffnung für Beteiligung und Mitbestimmung auch den Bürgern zu signalisieren, *in* und *mit* den Parteien können sie ihre Anliegen besser, wirksamer vertreten und für ihre Forderungen streiten.

Ein großes und breites Engagement ist für die Demokratie als gesellschaftliche Organisationsform von zentraler Bedeutung. Im Unterschied zu vielen anderen Ländern haben wir große Freiheiten auch zum politischen Engagement, zur Vertretung und zum Austausch kontroverser Meinungen, für oder gegen politische Positionen öffentlich zu demonstrieren.

Bundespräsident Steinmeier hielt am 28.10.2022 eine Grundsatzrede „Alles stärken, was uns verbindet":

„Steinmeier rief die Menschen in Deutschland zu Engagement und Gemeinsinn auf. ‚Liebe Landsleute, diese neue Zeit, sie fordert jeden Einzelnen‘, sagte er. ‚Vielleicht konnte man in den Zeiten mit Rückenwind noch durchkommen, ohne sich selbst großartig einzusetzen. Vielleicht konnte man es sich erlauben, Politik einfach anderen zu überlassen. Das gilt heute nicht mehr. Deutschland, unser Land, braucht Ihren Willen zur Veränderung, braucht Ihren Einsatz für das Gemeinwesen, damit wir dort ankommen, wo wir hin wollen.‘ Deutschland brauche ‚aktive, ja widerstandskräftige Bürgerinnen und Bürger‘. Kreml-Chef Wladimir Putin versuche, Europa zu spalten und trage dieses Gift auch ins Innere unserer Gesellschaft. ‚Auch unsere Demokratie gehört zur kritischen Infrastruktur. Und sie steht unter Druck. Sie schützen können nur wir selbst.‘ Das verlange von den Demokraten mehr als nur Bekenntnisse, es verlange Engagement."[165]

Man sollte die Bürger fragen, die sich der Wahl enthalten, vielleicht das „System" ablehnen: Was haben sie mit der Wahlenthaltung erreicht? Ein „Weiter so" der Parteien, das sie nicht wollten! Die Parteien in ihrer bisherigen personellen Aufstellung machen offensichtlich weiter, auch wenn die Wahlbeteiligung noch auf 50 oder 40 Prozent sinkt.

Änderungen sind durch die Einmischung, die Beteiligung der Bürger in Parteien notwendig und möglich, gerade vor Ort! Die Bürger sollten Lobbyisten in eigener Sache werden – als Arbeitnehmer, Verbraucher, Mieter, Schüler, Studenten, Rentner! Sie sollten sich auch wehren, wenn Politiker versuchen, ihr ehrenamtliches Engagement für ihr Image zu instrumentalisieren, ob in Einrichtungen für Geflüchtete oder in Katastrophengebieten wie an der Ahr und Erft 2021!

Es ist wichtig, dass die Bürger in die Parteien gehen, Themen und Probleme anpacken. Es ist wichtig, dass Vertrauen geschaffen wird bei Mitgliedern und Bürgern, dass sich auch die SPD vor Ort kümmert – um sie von unten wieder aufzurichten und auf einen sozialdemokratischen Kurs zu bringen.

Auch wenn es vielen Mitgliedern der SPD nach den Erfahrungen der letzten Jahrzehnte mit einigen sozialdemokratischen Politikern nicht leichtfällt: Wenn sie sich auf die Geschichte der Arbeiterbewegung, der sozialistischen und sozialdemokratischen Parteien einlassen, dann ist es eine klare Sache – und bleibt eine Orientierung für's Leben!

Die Zeit, in der sich die sozialdemokratischen Parteien noch wirksam dem Populismus entgegenstellen können, ist begrenzt. Es ist wichtig, sich einzumischen und die Ziele zu nennen: Freiheit, Menschenrechte, Frieden, soziale Gerechtigkeit. Die SPD muss eine klare Haltung auch zur Flüchtlingspolitik vertreten. Der Politikwissenschaftler Karl-Rudolf Korte schreibt:

„Man hat den Eindruck, dass sich in der SPD die Flügel einer befürwortenden Identitätspolitik und einer restriktiven Abschottung gegenüberstehen. Damit das nicht aufbricht, spricht die SPD das Thema nicht deutlich an – was die Bürger aber erwarten. ... Es gibt aber noch ein anderes Defizit: Wo sind die eindeutig sozialdemokratischen Themen? Alle Themen, die derzeit Konjunktur haben, verbuchen FDP oder Grüne. Das Respekt-Thema, mit dem die SPD im Wahlkampf gepunktet hatte, ist scheinbar mit der Aufstockung des Mindestlohns verloren gegangen. Kindergrundsicherung und Industriestrom waren beispielsweise Themen der SPD und sind in andere Lager ausgewandert. Wofür kämpft die SPD inhaltlich, wofür werden ‚Rotwesten‘ angezogen? Das kann man im Moment in der kontroversen, kollaborativen Lernkoalition der Berliner Ampel nicht erkennen."[166]

Wir erleben in diesen Krisenzeiten, dass Freiheitsrechte, soziale Rechte und wirtschaftliche Sicherheit heute so gefährdet sind wie schon lange nicht mehr. Für diese Aufgabe muss die SPD – als Ganzes und vor allem auch von unten – aufgerüttelt werden: Hier liegt die Aufgabe der Mitglieder und Bürger!

Die Mitglieder der SPD sollten kritisch in ihre Ortsvereine, in ihre Kreisverbände schauen: Sie sind mit ihrer Unsicherheit, ihrem Frust nicht allein. Es besteht dringender Orientierungs- und Handlungsbedarf! Sie sollten die Umsetzung der Werte Freiheit und Mitbestimmung auch im Alltag ihrer Partei fordern. Wenn es gelingt, wieder mehr Mitwirkungs- und Mitbestimmungsrechte zu erstreiten, wenn wir *in* unseren Parteien unsere Werte in konkrete politische Ziele und Projekte umsetzen können, dann werden wir konkrete politische Profile entwickeln. Die Parteien werden Mitglieder anziehen und durch schärfere Profile auch wieder stärker Wähler ansprechen: Parteien können sich wieder zu Volksparteien entwickeln, die Wahlbeteiligung fördern – unser politisches System wieder auf den Weg zu einer wirklich *repräsentativen* Demokratie bringen.

Kritikfähigkeit, die Bereitschaft, Kritik von außen und vor allem von innen anzunehmen, ist in Parteien nicht sehr ausgeprägt, so meine Erfahrung. Kritik wird als Nörgelei oder Parteischädigung häufig diskreditiert, manchmal auch mit Sanktionen belegt: Ausgrenzung, Funktions- und Mandatsentzug. Man sollte sich bewusst sein: Mit Kritik hinterfragt man nicht nur politische, programmatische Ziele, sondern vielleicht auch Karrieren und materielle Interessen. Deshalb ist es umso wichtiger, Mut zur Kritik zu fassen, entsprechend der Aufforderung von Stéphane Hessel: „Empört Euch!"[167] – Ich möchte ergänzen: Und wir müssen uns einmischen, damit wir vielleicht auch umso entschiedener JA zu einer Partei sagen können, der wir uns immer noch zugehörig fühlen!

10 Bleiben oder gehen?
Versuch einer Antwort

Dieses Kapitel ist das schwierigste für mich. Die Beantwortung der Frage meines früheren Schulfreundes ist für mich seit dem Krieg Russlands gegen die Ukraine und die für mich und viele andere nicht immer klare Positionierung von Bundeskanzler Scholz, der Bundesregierung in dieser großen Krise noch schwieriger.

Während unseres Gespräches 2007 stellte mein Freund auch die Frage, wie ich denn zur deutschen Beteiligung am NATO-Einsatz in Jugoslawien ab 1999 oder zu der Erklärung von Bundeskanzler Schröder zur „uneingeschränkten Solidarität" mit den USA 2001 und dem folgenden langen Einsatz der Bundeswehr in Afghanistan stünde. Ich hatte sicher ausweichend und für ihn unbefriedigend geantwortet.

Der sehr lange Einsatz der Bundeswehr in Afghanistan, der wenig glaubwürdig mit zum Teil wechselnden Begründungen von verschiedenen Bundesregierungen geführt wurde, und im Sommer 2021 in einem Desaster endete, ist ein mahnendes Beispiel. In dieser Erfahrung ist auch meine Skepsis aktuell begründet.

Wenn er mich heute nach meiner Meinung zu den Waffenlieferungen an die Ukraine fragen würde, wäre meine Antwort wohl wieder für ihn unbefriedigend. Natürlich könnte ich hervorheben, dass der Bundeskanzler und andere Politiker in Europa offensichtlich bemüht sind, eine Ausweitung dieses Krieges zu einem europaweiten Krieg zu vermeiden. Aber erkennbare diplomatische Initiativen, diesen Krieg zu beenden, könnte ich ihm nicht nennen. Damals sprach der Verteidigungsminister Peter Struck, SPD, davon, dass unsere Freiheit am Hindukusch verteidigt würde. Heute spricht die grüne Außenministerin Annalena Baerbock davon, dass der Krieg in der Ukraine auch *unser* Krieg sei – aber die Regierung der Ukraine *alleine* zu entscheiden habe, ob sie eine Verhandlungslösung anstrebe. Heute sollen unsere europäischen Werte in und mit der Ukraine verteidigt werden. Für den

Glauben an eine gute Entwicklung bräuchte es mehr Vertrauen in diese Politik und Politiker.

Lange Zeit prägten profilierte SPD-Politiker mit ihrer Außen-, Sicherheits- und Friedenspolitik das Profil der Partei. Seit vielen Jahren, während der Amtszeit von Bundeskanzlerin Merkel und ihrer sozialdemokratischen Außenminister Steinmeier, Gabriel und Maas, ist kein außen- und friedenspolitisches Profil der SPD mehr entwickelt oder erkennbar geworden.

Wurden Konzepte für eine nachhaltige europäische Friedensordnung und Friedenspolitik entwickelt, die nach Ziel und Substanz den Vorstellungen von Willy Brandt oder Egon Bahr entsprochen hätten oder vergleichbar gewesen wären?

Wurden Konzepte für die Nord-Süd-Beziehungen entwickelt, wie sie die von Willy Brandt geleitete internationale Nord-Süd-Kommission vor über 40 Jahren umrissen hatte?

Im Frühjahr 2022 ließen sich führende SPD-Politiker wegen ihrer Russlandpolitik vor allem von CDU und CSU in die Defensive treiben – eine Politik, die auch während der gesamten Amtszeit von Bundeskanzlerin Merkel die Russlandpolitik der Unionsparteien war, auch während der Koalition mit der FDP. Das macht SPD-Mitglieder ratlos.

Aber: Welche Alternativen gibt es zu einem politischen Engagement in Parteien, wenn man Parteien für die zentrale Organisationsform hält, sich mit seinen politischen Zielen und Vorstellungen einzubringen – und damit beginne ich mit einigen Überlegungen zu meiner Antwort:

– Angesichts des Krieges von Russland gegen die Ukraine stellt sich für mich die Frage: Wie stünden wir in dieser Krisen- und Kriegssituation mit einem Bundeskanzler Laschet, CDU, oder einer Bundeskanzlerin Baerbock, Grüne, da? Trotz der von Kanzler Scholz für viele unzureichend begründeten und kommunizierten „Zeitenwende" in der Außen- und Sicherheitspolitik vermittelt ein abwägender und sich mit den europäischen Partnern abstimmender Kanzler Scholz mehr Vertrauen: Ein Kanzler, der eine Ausweitung des Krieges und einen Atomkrieg in Europa mehr fürchtet als eine aufgepeitschte öffentliche Meinung, die vor allem den russischen Präsidenten als Verantwortlichen der Kriegsverbrechen bestraft sehen will.

– Günter Grass sprach Anfang der 1970er Jahre in einem Interview davon, dass man den Sozialdemokraten manchmal Kleinmut, Langsamkeit, auch kleinkarierten Formelkram vorwerfen könne. Aber „... zum anderen hat sie, worauf *Willy Brandt* hingewiesen hat, keinen Krieg angezettelt. Und, was für mich sehr wichtig ist, sie hat Andersdenkende nicht liquidiert, und das haben bisher alle Parteien getan, die auf Revolution setzten. Für mich ist diese für manche Leute simple Tatsache, dass die SPD ihre Fortschritte ohne Liquidieren des Andersdenkenden erreicht hat, ausschlaggebend, weil ich Wert darauf lege, anderer Meinung sein zu können, ohne Furcht haben zu müssen."[168]

– Wenn mein früherer Schulfreund zum Ende unseres Gespräches meinte, meine positiven Erfahrungen mit der SPD lägen wohl alle in der Vergangenheit, dann muss ich ihm zum Teil Recht geben – aber auch noch in einem anderen Sinne: In unserer Juso-Gruppe Politökonomie beschäftigten wir uns Anfang der 1970er Jahre auch mit der Vergangenheit, mit der Geschichte der SPD. Die Geschichte der SPD hat uns wichtige Orientierungen geboten, vor allem ihr gesellschaftspolitisches, außenpolitisches und friedenspolitisches Profil. Wenn man in die SPD eintritt, dann tritt man auch in die Geschichte dieser Partei ein. Wenn man austritt, dann auch aus dieser Geschichte, man verlässt nicht nur aktuell Politiker, mit denen man nicht übereinstimmt. Anlässlich des 160jährigen Bestehens der SPD 2023 wurde der CDU-Vorsitzende Friedrich Merz in einer Regionalzeitung mit Worten der Anerkennung zitiert: „Sozialdemokraten wurden verfolgt und ermordet, weil sie für ihre Sache einstanden. Die SPD ist immer wieder aufgestanden. Sie ist ein unverzichtbarer Streiter für Gerechtigkeit und Demokratie."[169]

– Ebenso wichtig war für mich die früher noch engere Verbindung der SPD mit unseren Gewerkschaften und das sozialpolitische Profil der SPD – von dem Beschluss der erweiterten Mitbestimmung 1976, über die Bildungspolitik bis zum Verbraucherschutz. Diese Verbindung muss wieder belebt und gestärkt werden, auch vor Ort und in der Region.

– Auch viele kollegiale und freundschaftliche Kontakte und Beziehungen in meinen Ortsvereinen und Kreisverbänden und darüber hinaus, auch zu Sozialdemokraten in anderen Regionen und Ländern während meiner über 55-jährigen Mitgliedschaft waren und sind für mich wichtige und bindende Erfahrungen.

Aber meine Mitgliedschaft in der SPD sehe ich nicht nur im Zusammenhang mit der Geschichte der SPD verbunden, sondern auch mit der Hoffnung auf Veränderungen und Reformen,

- dass viele meiner SPD-Altersgenossen zum Protest aufgerüttelt werden können und hoffentlich viele neue, junge Mitglieder in die SPD eintreten werden, um vor allem strukturelle Verkrustungen aufzubrechen, die SPD nach innen zu öffnen und den Mitgliedern stärkere Mitwirkungs- und Mitbestimmungsrechte zu geben,
- dass sich die SPD in den Kommunen wieder stärker öffnet für die Stadtgesellschaft, um auch vor allem armen Familien und ihren Kindern Chancen und gesellschaftliche Teilhabe zu eröffnen, vor Ort,
- dass die SPD auch weiterhin in der Kommunalpolitik Erfolge hat, Bündnisse mit anderen Parteien schmieden kann, um wichtige Ziele zu erreichen wie zum Beispiel die Einrichtung einer Gesamtschule oder den Start eines Quartiersmanagements in Wohnvierteln,
- dass Bundeskanzler Scholz, wenn auch für uns noch nicht mit erkennbarem Konzept oder einer ausreichend kommunizierten außen- und friedenspolitischen Vorstellung, mit seiner zurückhaltenden, besonnen erscheinenden Art einen wesentlichen, entscheidenden Beitrag leistet, dass wir nicht in einen europaweiten Krieg hineingezogen werden,
- dass die SPD weiter die Freiheit der Andersdenkenden verteidigt und wir unsere Freiheit behalten, über alles fair streiten und entscheiden zu können.

Meine Erfahrung und Erinnerung: Was uns einte und wieder einen sollte, sind das Menschenbild, die politische Orientierung, die politischen Werte. Diese Werte und Ziele sind unsere Verbindung, geben uns Kraft, Mut, Hoffnung – vermitteln uns den Sinn und begründen den Willen zum politischen Engagement und zu politischen Veränderungen.

Das aktuelle Bild der SPD ist nicht mehr so, dass es Mitglieder ermutigt und neue Mitglieder anzieht. *Aber:* Das ist veränderbar! Dazu müssen wieder mehr Bürger Mitglieder werden, die die Partei prägen! Wichtig sind engagierte, entschlossene Bürger. Sie müssen die Öffnung der Partei, die Mitbestimmungsrechte für die Mitglieder fordern und durchsetzen! Deshalb ist es wichtig, *jungen Menschen* Mut zu machen, in Parteien zu gehen – und diese zu verändern im Sinne von Öffnung, Mitwirkung und Mitbestimmung! *Ältere*

Mitglieder und Bürger, auch wenn sie keine Funktionen und Ämter anstreben, müssen motiviert werden, bei den Veränderungen aktiv mitzuwirken – und nicht anderen die Prägung des Bildes der Partei zu überlassen!

Die Frage meines Freundes war für mich wichtig. Sie ist es immer noch! Ich würde gerne mit ihm darüber sprechen. Beim Nachdenken über seine Frage ist mir aber immer klarer geworden, dass es nicht von zentraler Bedeutung ist, ob *ich* Mitglied in der SPD bleibe oder ob ich austrete. Das wird auch in meiner Region kaum jemanden beeindrucken. Wenn ich ginge, würden manche vielleicht sagen: Ein Nörgler, ein Querulant weniger. Andere verstehen nicht, dass ich bleibe. Für mich ist es ein „Sowohl als auch" – sowohl bleiben, aber auch weiter für die Öffnung SPD nach innen und außen, für die Rechte der Mitglieder und für eine Resozialdemokratisierung des Profils der SPD streiten, damit sie wieder eine Volkspartei genannt werden kann.

Zur Einschätzung der Chancen möchte ich auf eine Antwort von Oskar Negt verweisen, der zu der Frage in einem Interview, ob er mit Blick auf seine Tätigkeit in Forschung, Lehre sowie bei seinem Engagement in der Gewerkschaftsschulung und in der politischen Erwachsenenbildung seine Gemütsverfassung eher positiv oder negativ beschreibe, sagte:

„Da antworte ich so ähnlich wie Antonio Gramsci in seinen ‚Briefen aus dem Kerker': Was Theorie und Analyse betrifft, bin ich Pessimist, denn der Intellektuelle, der politische zumal, hat die Aufgabe, auch die schlechteste Möglichkeit miteinzukalkulieren. Als praktischer Mensch bin ich Optimist, denn es gibt kein System ohne Risse. Diese gesellschaftlichen Risse zu suchen und an ihnen praktisch einzusetzen, das Unlegitimierte sichtbar zu machen und alternative Entwürfe zu entwickeln, das ist mein Credo und mein Programm."[170]

Auch ein Zitat aus der Rede von Erhard Eppler auf dem SPD-Parteitag am 15. November 2009 in Dresden würde ich gerne meinem Freund zur Beantwortung seiner Frage nennen, als eine Begründung, Mitglied in der SPD geworden zu sein und es noch zu bleiben:

„Liebe Freunde, wenn wir Politik wieder rehabilitieren, dann ist es eben nicht mehr gleichgültig, wie heute manche meinen, mit welchen Zielen, mit welchen Überzeugungen und mit welchen Mitteln man Politik macht. Es ist nicht gleichgültig, ob man in eine Partei geht, und es ist auch nicht gleichgültig, in welche man geht. Wenn es wirklich darum geht, wie wir leben wollen, und nicht darum, wie wir zu leben haben, dann wird auch die Politik wieder junge Menschen anziehen."[171]

Wie häufiger im Leben: Man kann es komplett aufgeben. Aber noch häufiger schwankt man: Da sind die schönen Erinnerungen an engagierte Parteifreunde. Und die Überlegung: Ich bin nicht wegen einer Person in die SPD eingetreten und werde auch nicht wegen bestimmter Personen austreten, auch wenn es immer wieder schwerfällt. Schließlich erfährt man auch häufig kleine Erfolge, die Mut machen: Änderungen sind möglich! Wir Bürger müssen es angehen! Gerade in Zeiten, wo rechte Populisten und Nationalisten europaweit in der früheren „Stammwählerschaft" der ehemaligen Volksparteien erfolgreich wildern.

Wenn ich meinen früheren Schulfreund wieder ausfindig machen könnte, würde ich ihm auf seine damals gestellte Frage mit einem Ja antworten. Ich würde ihm sagen, dass natürlich weiterhin Zweifel bleiben, die mich aber auch weiterhin zum Einmischen motivieren.

Ich würde es aber nicht bei einem Ja belassen, sondern mit ihm besprechen, was unser Gespräch 2007 für mich bedeutet hat und von meinem Plan berichten, meinen drei Zielen:

- Ich möchte mich wieder um meinen ehemaligen Stimmbezirk bei der Kommunalwahl 2009, den „Wohnpark", kümmern, dort Menschen ansprechen, ihnen zuhören, ihre Anliegen an unsere Stadtratsfraktion und die Stadtverwaltung weitergeben – ohne bei der nächsten Kommunalwahl wieder als Kandidat anzutreten. Da inzwischen das Konzept des Quartiersmanagements – ein Erfolg auch unserer SPD vor Ort – auf weitere Wohngebiete unserer Stadt ausgeweitet wird, auch auf meinen früheren Stimmbezirk, könnte ich dem dort eingesetzten Sozialarbeiter als Ehrenamtler meine Unterstützung anbieten.
- Ich möchte auch Bewohner, Hausmeister, Mitglieder von Verwaltungsbeiräten im „Wohnpark" motivieren, Vertreter der Parteien regelmäßig zu Treffen einzuladen, und auch in Parteien zu gehen, dort ihre Vorschläge und Forderungen einzubringen und auch ihre Nachbarn aufzufordern, sich an den nächsten Wahlen zu beteiligen.
- Ich möchte mich weiter für mehr Mitbestimmung der Mitglieder der SPD einsetzen, z. B. für die Wahl der Landtags- und Bundestagskandidaten in Mitgliederversammlungen der Wahlkreise.

Das könnten meine Ziele und meine Projekte werden, mit denen mir das Ja zur Frage meines früheren Freundes leichter fällt.

Anmerkungen

(Alle Links wurden zuletzt am 13.9.2023 abgerufen.)

[1] Marion Lühring: Demokratie ist kein Selbstläufer, in: ver.di publik, 20 (2022), 3, S. 1.

[2] Volker Best, Frank Decker, Sandra Fischer, Anne Küppers: Demokratievertrauen in Krisenzeiten – Wie blicken die Menschen in Deutschland auf Politik, Institutionen und Gesellschaft? Bonn 2023, S. 70, online: https://www.fes.de/studie-vertrauen-in-demokratie.

[3] ARD-DeutschlandTrend, 6.7.2023, https://www.tagesschau.de/inland/deutschlandtrend/deutschlandtrend-3372.html.

[4] Helge Matthiesen: „Näher an das Volk – zur Wahl des ersten AfD-Landrates in Thüringen", Bonner General-Anzeiger, 27.6.2023, S. 2.

[5] Werden Gruppen genannt, verwende ich der besseren Lesbarkeit wegen nicht die männliche und weibliche Form des Begriffes.

[6] „Mehrheit der Briten hat kein Vertrauen mehr in Politiker", Zeit online, 23.6.2023, https://www.zeit.de/politik/ausland/2023-06/grossbritannien-brexit-vertrauensverlust-politiker.

[7] Thomas Leif: „Hinwendung zur Gesellschaft. Renaissance der Politik durch Reform der Parteien", in: Neue Gesellschaft/Frankfurter Hefte 56 (2009), 12, S. 50.

[8] Hier eine kleine Auswahl aktuellerer Titel zum Thema: Wilhelm Hofmeister: Parteien gestalten Demokratie. Theorie und Praxis in globaler Sicht, Stuttgart 2021; Gerd Mielke, Fedor Ruhose: Zwischen Selbstaufgabe und Selbstfindung. Wo steht die SPD, Bonn 2021; Michael Koß: Demokratie ohne Mehrheit? Die Volksparteien von gestern und der Parlamentarismus von morgen, München 2021; Eleonora Kohler-Gehrig: Armut heute. Eine Bestandsaufnahme für Deutschland, Stuttgart 2019; Thomas Hartmann Jochen Dahm, Frank Decker (Hrsg.): Die Zukunft der Demokratie. Erkämpft. Verteidigt. Gefährdet? Bonn 2019; Elmar Wiesendahl: Volksparteien – Aufstieg, Krise, Zukunft, Leverkusen 2011.

[9] Wilhelm Hofmeister: Parteien gestalten Demokratie. Theorie und Praxis in globaler Sicht, Stuttgart 2021, S. 213.

[10] Carsten Hoefer: „Energiekrise versetzt Industrie in Panik", Bonner General-Anzeiger, 8./9.10.2022, S. 9.

[11] Jana Wolf: Interview mit Christoph Butterwegge „Armut wird sich weiter ausbreiten", Bonner General-Anzeiger, 12.8.2022, S. 4.

[12] Wenn das Geld nicht reicht – zum Leben, ZDF.reportage, 6.11.2022. https://www.zdf.de/dokumentation/zdf-reportage/wenn-das-geld-nicht-reicht---zum-leben-100.html.

[13] Kai Fenja Horstmann, Petra Reuter, Raphaela Sabel, Andrea Ziech: „Die meisten Tafeln sind am Limit", Bonner General-Anzeiger, 22.8.2022, S. 15.

[14] Erich Reimann: „Armut nimmt zu. Studie: Zahl armer Menschen ist im vergangenen Jahrzehnt gestiegen. Corona und Inflation verschärfen Situation", Bonner General-Anzeiger, 25.11.2022, S. 8.

[15] Mischa Ehrhardt: „Vor einer harten Probe", Bonner General-Anzeiger, 25.11.2022, S. 8.

[16] Severin Weiland: „Blass statt rot", in: Der Spiegel, Nr. 15, 8.4.2023, S. 27.

[17] Ullrich Fichtner: „Das Gift des Krieges", Der Spiegel, Nr. 39, 24.9.2022, S. 6.

[18] Sina Zehrfeld: „100 Tage Schwarz-Grün", Bonner General-Anzeiger, 1./2.10.2022, S. 3.

[19] Bernd Eyermann: „Sorge um die Zukunft", Bonner General-Anzeiger, 1./2.10.2022, S. 2.

[20] Gerd Mielke, Fedor Ruhose: Zwischen Selbstaufgabe und Selbstfindung. Wo steht die SPD? Bonn 2021, S. 40f. Umfrageergebnis: Tagesschau.de, ARD-Nachwahlbefragung zur Bundestagswahl 2017, https://www.tagesschau.de/wahl/archiv/2017-09-24-BT-DE/umfrage-aussagen.shtml.

[21] Michael Sandel: Vom Ende des Gemeinwohls – Wie die Leistungsgesellschaft unsere Demokratien zerreißt, Frankfurt am Main 2020.

[22] Gerd Mielke, Fedor Ruhose: Zwischen Selbstaufgabe und Selbstfindung. Wo steht die SPD? Bonn, 2021, S. 86.

[23] Jana Faus, Horand Knaup, Michael Rüter, Yvonne Schroth, Frank Stauss: Aus Fehlern lernen. Eine Analyse der Bundestagswahl 2017, Berlin 2018, S. 93 und 95, online: https://www.spd.de/fileadmin/Dokumente/Sonstiges/Evaluierung_SPD__BTW2017.pdf.

[24] Oskar Negt: Unterschlagene Wirklichkeit. Leben wir in einer Gesellschaft des politischen Selbstbetrugs? in: Neue Gesellschaft/Frankfurter Hefte 54 (2007), 11, S. 4ff.

[25] „Alles, nur nicht Paris", Der Spiegel, Nr. 11, 7.3.2020, S. 84f.

[26] „Kapitalismus – ‚Wutgetränkte Apathie' – Der Soziologe Wilhelm Heitmeyer über den Bewusstseinswandel der Deutschen in der Krise und ihr neues Feindbild: den Langzeitarbeitslosen", Der Spiegel, Nr. 14, 2.4.2010, S. 70ff.

[27] „In dieser Gesellschaft brodelt es' – Der Philosoph Oskar Negt über die Risse in der Sozialordnung, die Notwendigkeit politischer Bildung und die Spannung zwischen Wirklichkeit und Utopie", Der Spiegel, Nr. 32, 8.8.2010, S. 98f.

[28] Melanie Amann: „Zweitklassiges Personal", Der Spiegel, Nr. 32, 7.8.2021, S. 6.

[29] „Zustimmung zu Demokratie nimmt ab. Umfrage: Im Osten nur noch 39 Prozent zufrieden", Bonner General-Anzeiger, 29.9.2022, S. 1.

[30] Susanne Beyer: „Von Churchill lernen", Der Spiegel, Nr. 37, 10.9.2022, S. 6.

[31] Franz Walter: „Die Akzeptanz des Staates schwindet", Frankfurter Rundschau, 22.6.2012.

[32] Matthias Arning, „Spaß an der Politik versetzt Etablierte in Schrecken", Frankfurter Rundschau, 20.10.1997.

[33] Jürgen W. Falter: „Das Unbehagen an der Politik", Frankfurter Rundschau, 27.9.2011.

[34] Christian Baron: Ein Mann seiner Klasse, Berlin 2020, S. 162.

[35] Pierre Bourdieu et al.: Das Elend der Welt – Zeugnisse und Diagnosen alltäglichen Leidens an der Gesellschaft, Konstanz 1997.

[36] ARD-DeutschlandTrend, 6.7.2023, https://www.tagesschau.de/inland/deutschlandtrend/deutschlandtrend-3372.html.

37 „SPD verliert fast 14.000 Mitglieder", Der Spiegel, 16.1.2023, https://www.spiegel.de/politik/deutschland/spd-verliert-fast-14-000-mitglieder-a-41edeacb-63f1-4425-aba7-14f1f71138d5.

38 Bundeszentrale für politische Bildung: Bundestagswahlen – Wählerstimmen, 16.3.2022, https://www.bpb.de/kurz-knapp/zahlen-und-fakten/bundestagswahlen/340863/waeh lerstimmen/.

39 „Wenig Wahlbeteiligung: Experte will mehr Wahlmöglichkeiten", Süddeutsche Zeitung, 17.5. 2022, https://www.sueddeutsche.de/politik/wahlen-duesseldorf-wenig-wahlbeteiligung-experte-will-mehr-wahlmoeglichkeiten-dpa.urn-newsml-dpa-com-20090101-220517-99-317743, oder: „Innenminister: Reul ruft zu mehr Anstrengung um die Demokratie auf", in: Die Zeit, 1.6.2022. https://www.zeit.de/news/2022-06/01/reul-ruft-zu-mehr-anstrengung-um-die-demokratie-auf, oder: „Nordrhein-Westfalen: Sieger, Verlierer und viel Desinteresse", Süddeutsche Zeitung, 20.5.2022, https://www.sueddeutsche.de/kolumne/nordrhein-westfalen-sieger-verlierer-und-viel-desinteresse-1.5588745, oder: Mirijam Günter: „Warum so viele Menschen nicht wählen gehen", in: Der Freitag, 1.6.2022, https://www.freitag.de/autoren/der-freitag/warum-so-viele-menschen-nicht-waehlen-gehen.

40 Sabine Pokorny: „Wieso, weshalb, warum? Wahlmotive bei der Bundestagswahl 2021", Konrad-Adenauer-Stiftung (Hrsg.), Berlin 2022, https://www.kas.de/de/einzeltitel/-/content/wieso-weshalb-warum-wahlmotive-bei-der-bundestagswahl-2021.

41 Eckhard Jesse: Die Bundestagswahl 2017 und die Regierungsbildung. Zäsur im Wahlverhalten, im Parteiensystem und in der Koalitionsbildung, in: Zeitschrift für Politik, 65 (2018), 2, S. 168, 175, 176.

42 Frank Decker, Marcel Lewandowsky, Marcel Solar: Demokratie ohne Wähler? Neue Herausforderungen der politischen Partizipation, Bonn 2013, S. 103.

43 Knut Krohn: „Politik ohne Volk zu den Regionalwahlen in Frankreich", Bonner General-Anzeiger, 22.6.2021.

44 Peter Müller: „Prekäre Demokratie – Die Entsaftung der Politik in der Ära Merkel trägt zur niedrigen Wahlbeteiligung bei", Der Spiegel, Nr. 21, 15.5.2015, S. 14.

45 Franz Walter: „Das Ende der Volksparteien. Die Implosion von Politik trifft nicht nur die SPD ins Mark, sondern wird auch demnächst die Union einholen", Frankfurter Rundschau, 19.6.2004, S. 7.

46 Oskar Niedermayer: „Die soziale Zusammensetzung der Parteimitgliedschaften", 21.10. 2022, Bundeszentrale für politische Bildung, https://www.bpb.de/themen/parteien/parteien-in-deutschland/zahlen-und-fakten/140358/die-soziale-zusammensetzung-der-parteimitgliederschaften/.

47 Frank Decker, Marcel Lewandowsky, Marcel Solar: „Demokratie ohne Wähler? Neue Herausforderungen der politischen Partizipation", Bonn 2013, S. 98, 101.

48 Kölnische Rundschau, 22.7.2023, https://www.rundschau-online.de/politik/cda-bun deschef-laumann-sieht-entfremdung-der-waehler-von-politischen-parteien-615178.

49 Gerd Mielke, Fedor Ruhose: „Zwischen Selbstaufgabe und Selbstfindung. Wo steht die SPD?", Bonn, 2021, S. 65.

50 https://wahlergebnis.saarland.de/LTW/.

51 https://twitter.com/tabouchadi/status/1508127010975059970.

[52] „Saarlandwahl 2022. So hat die SPD die Wahl gewonnen", Die Zeit, 27.3.2022, https:// www.zeit.de/politik/deutschland/2022-03/saarland-landtagswahl-analyse.

[53] Annick Ehmann und Sascha Venohr: SPD klaut Union die Bastion 60plus, 26.9.2021, https://www.zeit.de/politik/deutschland/2021-09/wahlverhalten-bundestagswahl-2021-wahlergebnis-maenner-frauen-jung-alt.

[54] https://www.zeit.de/politik/deutschland/2022-05/schleswig-holstein-landtagswahl-live-ergebnisse-karte.

[55] Kölner Stadt-Anzeiger, 17.5.2022, S. 1.

[56] Helge Matthiesen: „Auf grünem Kurs – zum Ergebnis der Landtagswahl in Nordrhein-Westfalen", in: Bonner General-Anzeiger, 16.5.2022, S. 2.

[57] Hans Otto Schacknies, in: Leserbriefe „Demokratie erfordert Wahlbeteiligung", Bonner General-Anzeiger, 18.5.2022, S. 22.

[58] Nikolaus Doll: „‚Nicht der Moment, wo man die Backen aufpustet'. In der SPD wächst nach der NRW-Wahl die Nervosität", in: Die Welt, 17.5.2022, S. 4.

[59] Peter Berger: „Mehr Frust als Desinteresse. Schuld der Politik an geringer Wahlbeteiligung", in: Kölner Stadt-Anzeiger, 17.5.2022, S. 4.

[60] Joachim Frank: „Die heimliche Siegerin. ‚Partei der Nichtwähler' erhält Zulauf von allen, außer der Union", in: Kölner Stadt-Anzeiger, 17.5.2022, S. 4.

[61] Ulrich Brand: „Nicht die Wähler, die Parteien verabschieden sich", in: Frankfurter Rundschau, 11.10.2004.

[62] Helge Matthiesen: „Berliner Sorgen – zum Ergebnis der Landtagswahl in Niedersachsen", in: Bonner General-Anzeiger, 10.10.2022, S. 2.

[63] „Schwarz-Grün in NRW weiter vorn", in: Bonner General-Anzeiger, 24.10.2022, S. 1.

[64] Susanne Gaschke: „Genossen ohne frohe Botschaft", in: Die Zeit, Nr. 42, 3.10.2003, S. 5.

[65] Peter Brandt: „Wir brauchen eine linke Ökumene – Plädoyer für eine Sammlungsbewegung links der Mitte", IPG-Journal, 8.8.2018, https://www.ipg-journal.de/rubriken/zukunft-der-sozialdemokratie/artikel/wir-brauchen-eine-linke-oekumene-2910.

[66] Holger Möhle: „Mehr Basis, weniger Basta. SPD-Chef Martin Schulz stellt seinen Plan für eine Erneuerung vor", in: Bonner General-Anzeiger, 7.11.2017.

[67] Helge Matthiesen: „Die Basis als Chance – zur Personaldiskussion innerhalb der SPD", in: Bonner General-Anzeiger, 14.2.2018, S. 2.

[68] Holger Möhle: „Notoperation – zum Beben in der SPD", in: Bonner General-Anzeiger, 3.6.2019, S. 2.

[69] Helge Matthiesen: „Die Qual der Wahl – zum SPD-Mitgliederentscheid", in: Bonner General-Anzeiger, 28.10.2019, S. 2.

[70] Heinz Tutt: „Gefangen in der Wählerfalle – Die SPD in NRW hat einen schweren Stand", in: Kölner Stadt-Anzeiger, 17.9.1999.

[71] Dorothea Hülsmeier, Bernd Eyermann: „Von Westfalen und Rheinländern in der SPD. Bei der Abstimmung um den Vorsitz der SPD-Landtagsfraktion spielt der Regionalproporz eine große Rolle", in: Bonner General-Anzeiger, 18.4.2018.

[72] Kirsten Bialdiga: „Sieg der Rebellen – über die Wahl des Fraktionschefs der NRW-SPD", in: Bonner General-Anzeiger, 25.4.2018.

[73] Kirsten Bialdiga: „Rebellion gegen die SPD-Führung. Der Kampf um den Fraktionsvorsitz der Landespartei spitzt sich zu", in: Bonner General-Anzeiger, 11.4.2018.

[74] Thomas Leif: „Hinwendung zur Gesellschaft. Renaissance der Politik durch Reform der Parteien", in: Neue Gesellschaft/Frankfurter Hefte 56 (2009), 12, S. 50f.

[75] Dominik Pieper: „Beruf: Sozialdemokrat. Das Portrait. Der Bornheimer Sebastian Hartmann ist als neuer SPD-Landesvorsitzender im Gespräch", in: Bonner General-Anzeiger, 31.3./1.4.2018.

[76] Bernd Eyermann: „Na endlich – zur SPD in Nordrhein-Westfalen", in: Bonner General-Anzeiger, 22.6.2018.

[77] Kirsten Bialdiga: „Machtkampf in der NRW-SPD. Nach der verlorenen Kommunalwahl wächst der Druck auf Sebastian Hartmann", in: Bonner General-Anzeiger, 29.9.2020.

[78] Helge Matthiesen: „Die letzte Chance – zum Machtkampf um den SPD-Vorsitz in NRW", in: Bonner General-Anzeiger, 2.10.2020.

[79] SPD NRW: Unsere Landesliste für die Bundestagswahl 2021, 25.4.2022, https://www.nrwspd.de/btw21/.

[80] Interview mit Sebastian Hartmann: „‚Ich habe die Partei geprägt'. Der Ex-Landesvorsitzende der NRW-SPD über seinen Nachfolger Kutschaty, die Beethovenhalle und den Bonn-Vertrag", in: Bonner General-Anzeiger, 28.4.2021.

[81] https://www1.wdr.de/nachrichten/landespolitik/landtagswahl-2022/nrw-wahl-wahlbeteiligung-100.html, 16.5.2022.

[82] „SPD in NRW verliert laut Umfrage weiter an Wählervertrauen", Die Zeit, 31.3.2023, https://www.zeit.de/news/2023-03/31/spd-in-nrw-verliert-laut-umfrage-weiter-an-waehlervertrauen.

[83] Ralf Kubbernuß: „NRW-SPD: Es ist Zeit, um aufzustehen", Neue Rhein/Neue Ruhr Zeitung, 31.3.2023, https://www.nrz.de/meinung/nrw-spd-es-ist-zeit-um-aufzustehen-id238033875.html.

[84] Joachim Frank: „CDU legt zu, Grüne verlieren", Kölner Stadt-Anzeiger, 17./18.6.2023, S. 1 und 3.

[85] Bernd Eyermann: „Wüst im Aufwind – zum NRW-Check", Bonner General-Anzeiger, 17./18.6.2023, S. 2.

[86] Tim Frehler, Georg Ismar, Gianna Niewel: „Kanzlerpartei – schön und gut?", Süddeutsche Zeitung, 18.7.2023, S. 5.

[87] „Doppelspitze soll NRW-SPD führen", Kölner Stadt-Anzeiger, 17./18.6.2023, S. 8.

[88] Kai Döring: „Neue Vorsitzende der NRWSPD: ‚Diese Doppelspitze passt.'" Vorwärts, 26.8.2023, https://vorwaerts.de/artikel/neue-vorsitzende-nrwspd-diese-doppelspitze-passt.

[89] Heribert Prantl: „Die Wiederauferstehung der Sozialdemokratie", Süddeutsche Zeitung, 14.12.2019, https://www.sueddeutsche.de/politik/spd-parteitag-sozialstaat-meinung-1.4721976.

[90] Aus Respekt vor Deiner Zukunft. Das Zukunftsprogramm der SPD. Berlin 2021, https://www.spd.de/fileadmin/Dokumente/Beschluesse/Programm/SPD-Zukunftsprogramm.pdf.

[91] Mehr Fortschritt wagen. Bündnis für Freiheit, Gerechtigkeit und Nachhaltigkeit. Koalitionsvertrag 2021–2025 zwischen der Sozialdemokratischen Partei Deutschlands (SPD),

Bündnis 90/Die Grünen und den Freien Demokraten (FDP). Berlin 2021, https://www.spd.de/fileadmin/Dokumente/Koalitionsvertrag/Koalitionsvertrag_2021-2025.pdf.

[92] Jana Faus, Horand Knaup, Michael Rüter, Yvonne Schroth, Frank Stauss: Aus Fehlern lernen. Eine Analyse der Bundestagswahl 2017, Berlin 2018, S. 96 und 102, online: https://www.spd.de/fileadmin/Dokumente/Sonstiges/Evaluierung_SPD__BTW2017.pdf.

[93] Volker Best, Frank Decker, Sandra Fischer, Anne Küppers: Demokratievertrauen in Krisenzeiten – Wie blicken die Menschen in Deutschland auf Politik, Institutionen und Gesellschaft? Bonn 2023, S. 72.

[94] Vivien Timmler: „Wie Henry Kissinger den Krieg in der Ukraine beenden würde", Süddeutsche Zeitung, 17.1.2023, https://www.sueddeutsche.de/wirtschaft/kissinger-davos-ukraine-russland-krieg-1.5734136.

[95] Nils Rüdel: „Genau hinsehen. Zur Zukunft der sogenannten ‚Querdenker'", Bonner General-Anzeiger, 3.8.2021.

[96] Wilhelm Hofmeister: Parteien gestalten Demokratie. Theorie und Praxis in globaler Sicht, Stuttgart 2021, S. 255.

[97] Grundgesetz der Bundesrepublik Deutschland – GG: Art. 21 Satz 1 GG.

[98] Gesetz über die politischen Parteien (Parteiengesetz), Abschnitt 1 § 1 PartG.

[99] Frank Decker, Marcel Lewandowsky, Marcel Solar: Demokratie ohne Wähler? Neue Herausforderungen der politischen Partizipation, Bonn 2013, S. 73.

[100] Hans Leyendecker: „In Köln und anderswo", Süddeutsche Zeitung, 12.3.2002, S. 4.

[101] Heribert Prantl: „Ich bin ein Politiker", Süddeutsche Zeitung, 29.7.2002, S. 4.

[102] Heribert Prantl: „Die Wiederauferstehung der Sozialdemokratie", Süddeutsche Zeitung, 14.12.2019, https://www.sueddeutsche.de/politik/spd-parteitag-sozialstaat-meinung-1.4721976.

[103] Wilhelm Hofmeister: Parteien gestalten Demokratie. Theorie und Praxis in globaler Sicht, Stuttgart 2021, S. 213f.

[104] Helge Matthiesen: „Tiefliegende Probleme – zur Umfrage über die Landespolitik", Bonner General-Anzeiger, 8.10.2021, S. 2.

[105] Erwin K. und Ute Scheuch: Cliquen, Klüngel und Karrieren. Über den Verfall der politischen Parteien – eine Studie, Hamburg 1992, S. 7.

[106] Hans-Jörg Heims: „Echte Fründe und dicke Pfründe", Süddeutsche Zeitung, 17.5.2010, https://www.sueddeutsche.de/politik/koelner-kluengel-echte-fruende-und-dicke-pfruende-1.58695.

[107] Georg Bönisch: „Affären – Klein-Palermo am Rhein", Der Spiegel, Nr. 26, 23.6.2002, S. 72.

[108] Gerd Elendt u. a.: Stern, Nr. 12, 14.3.2002, S. 32–40.

[109] Georg Bönisch: „Affären – Klein-Palermo am Rhein", Der Spiegel, Nr. 26, 23.6.2002, S. 72–74.

[110] Roland Kirbach, Matthias Krupa: Die Zeit, Nr. 12, 14.3.2002, S. 33–36.

[111] Werner Rügemer über die engen Verflechtungen von Politik und Müllwirtschaft, Frankfurter Rundschau, 8.3.2002, S. 8.

[112] Film „Der König von Köln", Erstausstrahlung ARD, 11.12.2019.

[113] Rheinisch für: Das machen wir immer so und stehen zusammen.

[114] Peter Berger, Andreas Damm: „Wie Politiker ihre Glaubwürdigkeit verspielen. Die Kölner Skandale haben ein gemeinsames Muster: vertuschen und verschleiern, bis es nicht mehr geht", Kölner Stadt-Anzeiger, 16.10.2003, S. 3.

[115] Hans Leyendecker, Johannes Nitschmann: „Die Kölner SPD unter Generalverdacht: ‚Es hat hier immer Klüngel gegeben, aber eben gesunden Klüngel'", Süddeutsche Zeitung, 8.3.2002, S. 3.

[116] Heinz Verfürth: „In Köln heißt es Klüngel. Scheuch steht mit seiner Kritik nicht allein. Parteien entfernen sich von ihrem Auftrag", Kölner Stadt-Anzeiger, 22./23.2.1992.

[117] Anzeige: „Wir entschuldigen uns, …", Kölner Stadt-Anzeiger, 20./21.7.2002.

[118] Bernd Eyermann: „Keine klaren Verhältnisse mehr in Köln. Die Neuauszählung der Briefwahl im Stadtteil Rodenkirchen bestätigt den Verdacht, dass Stimmen vertauscht wurden", Bonner General-Anzeiger, 20.5.2015.

[119] Helge Matthiesen: „Wie Diktatoren", Bonner General-Anzeiger, 20.5.2015.

[120] „Offen für eine kreative Zukunft. Der Antreiber. Jochen Ott will die Stadt mit Schwung und Tempo modernisieren", Bonner General-Anzeiger, 17./18.10.2015.

[121] Tim Attenberger, Carsten Fiedler: „Börschel legt Ratsmandat nieder. Kölner SPD-Politiker bedauert in der Stadtwerke-Affäre sein Vorgehen", Kölner Stadt-Anzeiger, 14.3.2019, S. 1.

[122] Stefan Sommer: „Viel zu lange gezaudert" (Kommentar), Kölnische Rundschau, 14.3.2019.

[123] Tim Attenberger, Carsten Fiedler: „Börschel legt Ratsmandat nieder. Kölner SPD-Politiker bedauert in der Stadtwerke-Affäre sein Vorgehen", in: Kölner Stadt-Anzeiger, 14.3.2019, S. 1.

[124] „Börschel behält Amt bei der Sparkasse", Kölnische Rundschau, 14.3.2019.

[125] Pitt von Bebenburg: Raffiniert geknüpfte Netzwerke des Unrechts", Frankfurter Rundschau, 15.7.2004.

[126] Peter Berger: „Der gläserne Kommunalpolitiker – Amtsträger-Entscheidung des Landgerichts nutzen", Kölner Stadt-Anzeiger, 29.5.2002.

[127] Wolfgang Storz: „Aus dem Schatten der Macht", Frankfurter Rundschau, 31.7.2002, S. 3.

[128] „Fründe" = rheinischer Begriff für Freunde.

[129] Werner Grosch: „Aufregung ums Deutzer Stadthaus – Stadt Köln hat kein Vorkaufsrecht für die Verwaltungsgebäude. Fraktionen üben scharfe Kritik an den Verantwortlichen", General-Anzeiger, Bonn, 20./21.5.2023, S. 7

[130] Ulrich Lohmar: Innerparteiliche Demokratie. Eine Untersuchung der Verfassungswirklichkeit politischer Parteien in der Bundesrepublik Deutschland, Stuttgart 1963, S. 44 f.

[131] Andrea Ziech: „Lienesch setzt sich in Siegburg durch. Sankt Augustiner ist Landtagskandidat der CDU im Wahlkreis V. Abstimmungserfolg gegen Nathanael Liminski", Bonner General-Anzeiger, 3.12.2021.

[132] „Liminski tritt als Joker für die Kölner CDU an", Kölnische Rundschau, 26.1.2022, https://www.rundschau-online.de/region/koeln/kandidat-fuer-die-landtagswahl-liminski-tritt-als-joker-fuer-die-koelner-cdu-an-39412234.

[133] Gerd Mielke, Fedor Ruhose: Zwischen Selbstaufgabe und Selbstfindung. Wo steht die SPD? Bonn 2021, S. 60.

[134] Veit Medick: „Merkels Werk und Schäubles Beitrag", Der Spiegel, Nr. 35, 28.8.2021.

[135] Stephane Hessel: Empört Euch! Berlin 2011.

[136] Jan Drebes: „An Reformen knüpfen – zu einer Verlängerung der Wahlperiode", Bonner General-Anzeiger, 23.12.2022, S. 2.

[137] Nico Fried: „Wie politisch irre kann die Ampel sein, so einen Vorschlag zur Wahlrechtsreform zu machen?", Stern, 14.3.2023, https://www.stern.de/politik/deutschland/wahl rechtsreform--wie-politisch-irre-kann-die-ampel-sein--33280392.html.

[138] Ada Brandes: „Die SPD-Mitglieder sollen künftig ihre Kandidaten direkt wählen können. Reformvorschlag gilt nicht für Spitzenposition im Bund – Partei will sich öffnen", Kölner Stadt-Anzeiger, 18.3.1993.

[139] Vorstand der SPD: Politik – Organisationspolitik – SPD 2000: Eine moderne Reformpartei, Satzungsänderungen, Beschlüsse des SPD-Parteitages, Wiesbaden, 16.–19. November 1993, Kap. IV: Ziele und Maßnahmen, S. 5.

[140] Franz Müntefering: Demokratie braucht Partei. Die Chance der SPD, in: Zeitschrift für Parlamentsfragen 31 (2000), 2, S. 337ff.

[141] „NRWSPD 2001", in: kompakt, Leitantrag zum Landesparteitag, Düsseldorf, März 2001.

[142] „12 Thesen zur Erneuerung der SPD", Diskussionsvorlage für die Sitzung des SPD-Parteivorstandes am 18.1.2010.

[143] Jana Faus, Horand Knaup, Michael Rüter, Yvonne Schroth, Frank Stauss: Aus Fehlern lernen. Eine Analyse der Bundestagswahl 2017, Berlin 2018.

[144] Martin Schulz: Gestaltungsmacht und Vertrauen in Politik zurückgewinnen. Europa, Deutschland und die SPD im 21. Jahrhundert, in: Neue Gesellschaft/Frankfurter Hefte 65 (2018), 1/2, S. 5f.

[145] Holger Möhle: „Mission Erneuerung", Bonner General-Anzeiger, 23.4.2018, S. 2.

[146] „Deutsche Bank wählt Sigmar Gabriel in Aufsichtsrat", Frankfurter Allgemeine Zeitung, 20.5.2020 (aktualisiert), https://www.faz.net/aktuell/wirtschaft/unternehmen/deutsche-bank-waehlt-sigmar-gabriel-in-aufsichtsrat-16779393.html.

[147] „Gabriel war Berater bei Tönnies", Süddeutsche Zeitung, 2.7.2020, https://www.sued deutsche.de/politik/gabriel-berater-toennies-1.4954536.

[148] Hagen Strauß: „Zeitgemäße Mitsprache – zur Führungssuche bei der CDU", Bonner General-Anzeiger, 1./2.11.2021, S. 2.

[149] Hagen Strauß: „Nicht ängstlich sein – zum CDU-Parteivorsitz", Bonner General-Anzeiger, 3.12.2021, S. 2.

[150] SPD Parteivorstand (Hrsg.): Organisationsstatut, Wahlordnung, Schiedsordnung, Finanzordnung, 11.12.2021, https://www.spd.de/fileadmin/Dokumente/Parteiorganisation/SPD_Orgastatut_2022_barrierearm.pdf.

[151] Gerd Mielke, Fedor Ruhose: Zwischen Selbstaufgabe und Selbstfindung. Wo steht die SPD? Bonn 2021, S. 110.

[152] Frank Decker, Marcel Lewandowsky, Marcel Solar: Demokratie ohne Wähler? Neue Herausforderungen der politischen Partizipation, Bonn 2013, S. 126f.

[153] SPD Parteivorstand (Hrsg.): Organisationsstatut, Wahlordnung, Schiedsordnung, Finanzordnung, 11.12.2021, https://www.spd.de/fileadmin/Dokumente/Parteiorganisation/SPD_Orgastatut_2022_barrierearm.pdf.

[154] Satzung und Finanzordnung des SPD Landesverbandes Nordrhein-Westfalen, 4.10.2019: https://www.nrwspd.de/satzung/.

[155] Satzung des Unterbezirks Bonn der Sozialdemokratischen Partei Deutschlands, 7.3. 2020, https://www.spd-bonn.de/dl/UB_BONN_SATZUNG_03_06_2023.pdf.

[156] Volker Best, Frank Decker, Sandra Fischer, Anne Küppers: „Demokratievertrauen in Krisenzeiten – Wie blicken die Menschen in Deutschland auf Politik, Institutionen und Gesellschaft?", Bonn, 2023, S. 72f.

[157] Niedermayer, Oskar: Die soziale Zusammensetzung der Parteimitgliederschaften. Bundeszentrale für politische Bildung, 21.10.2022, https://www.bpb.de/themen/parteien/ parteien-in-deutschland/zahlen-und-fakten/140358/die-soziale-zusammensetzung-der-parteimitgliederschaften/.

[158] Peter Brandt: „Wir brauchen eine linke Ökumene – Plädoyer für eine Sammlungsbewegung links der Mitte", IPG-Journal, 8.8.2018, https://www.ipg-journal.de/rubriken/zukunft-der-sozialdemokratie/artikel/wir-brauchen-eine-linke-oekumene-2910.

[159] Oskar Negt: Gesellschaftsentwurf Europa, 2. Aufl., Göttingen 2012, S. 80.

[160] Wilhelm Hofmeister: Parteien gestalten Demokratie. Theorie und Praxis in globaler Sicht, Stuttgart 2021, S. 360.

[161] „Einordnung fällt vielen schwer. Studie über Nachrichtenkompetenz", Bonner General-Anzeiger, 24.3.2021.

[162] s. auch: Klaus Wettig: Reformen wagen. Kommentare zum Wiederaufstieg der SPD, Marburg 2019, S. 91f.

[163] Die Online-Themenforen sind zu finden unter https://debattenportal.spd.de.

[164] Oskar Negt: Demokratie als Lebensform, in: Neue Gesellschaft/Frankfurter Hefte 55 (2008), 3, S. 41.

[165] „Steinmeier beschwört deutschen ‚Widerstandsgeist'", Frankfurter Rundschau, 28.10. 2022, https://www.fr.de/politik/steinmeier-beschwoert-deutschen-widerstandsgeist-zr-91879980.html.

[166] Karl-Rudolf Korte: Flucht vor dem Frust, Die Zeit, 6.6.2023, https://www.zeit.de/2023/ 25/karl-rudolf-korte-afd-erfolg-olaf-scholz/komplettansicht.

[167] Stephane Hessel: Empört Euch! Berlin 2011.

[168] „Ich bin Sozialdemokrat, weil ich ohne Furcht leben will", Gespräch mit Günter Grass, in: Die Neue Gesellschaft 18 (1971), 2, S. 99.

[169] Kerstin Münstermann: „Von Werten und Würde – Die SPD begeht ihr 160-jähriges Bestehen und feiert sich selbst im Willy-Brandt-Haus. Ein Gratulant überrascht", Bonner General-Anzeiger, 24.5.2023, S. 4.

[170] „In dieser Gesellschaft brodelt es'. Der Philosoph Oskar Negt über die Risse in der Sozialordnung, die Notwendigkeit politischer Bildung und die Spannung zwischen Wirklichkeit und Utopie", Der Spiegel, Nr. 32, 8.8.2010, S. 101.

[171] „Rede von Erhard Eppler auf dem Bundesparteitag der SPD am 15. November 2009 in Dresden", Mitteilung für die Presse, 1197/09, Hrsg. von Andrea Nahles, Sozialdemokratische Partei Deutschlands, Berlin, 15.11.2009, S. 8f.